cuisine de plein air

Jean-Jacques ZEIL,
Proviseur du Lycée Hôtelier de Metz,
Daniel PETITJEAN,
Norbert PREVOT,

avec la participation de :
Richard EICHOFF,
Jacques GROSSELET,
Gil MAYER,
Roland ROHN,
Jacques SASSI,
Jean RHISSE,
Professeurs au Lycée Hôtelier de Metz.

La coordination de la collection
est assurée par Paulette FISCHER.

EDITIONS S.A.E.P. INGERSHEIM 68000 COLMAR

(Photo J.L. Syren)

Il fait beau, les espaces verts vous appellent. Comme il serait agréable de partir pour goûter le charme de la campagne. « Si l'on faisait un pique-nique ! » Mais que va-t-on emporter pour le repas ? Combien de fois avez-vous posé cette question ? En feuilletant ce petit livre vous vous rendrez vite compte qu'il n'est pas compliqué de composer un menu agréable.

Qu'il soit improvisé ou mûrement pensé, le pique-nique est un excellent retour aux sources. Le matériel de camping aidant, il est possible maintenant de pouvoir réaliser de nombreux plats. Il n'est pas nécessaire cependant de faire 50 kilomètres pour pouvoir apprécier les recettes de ce livre : votre jardin, votre terrasse ou votre balcon peuvent parfaitement être utilisés pour confectionner le menu.

Froid ou agrémenté de grillades, votre pique-nique aura l'avantage de faire plaisir à tout le monde. Les adultes redécouvriront le plaisir du repas sur l'herbe si cher à nos ancêtres et les enfants vous étonneront par un appétit que vous ne leur connaissiez pas.

Le présent ouvrage n'a pas la prétention de vous livrer toute la cuisine qui peut être faite pour le pique-nique. Son but est surtout de vous livrer des idées pour composer des plats simples ou un peu sophistiqués qui ne manqueront pas d'étonner vos amis. Comment ne pourraient-ils pas apprécier une brochette de bœuf aux poivrons ou une brochette de porc à l'ananas accompagnée d'une salade florida, un pain surprise au Roquefort ou un fromage maison, un melon en surprise ou une salade de fruits exotiques accompagnée d'un sabayon à l'orange.

Si la gastronomie n'est pas absente de ce volume, on y découvrira aussi des recettes toutes simples demandant très peu de préparation. Il faut cependant attirer l'attention du profane sur les précautions à prendre pour la préparation et la cuisson des grillades. Mais c'est un apprentissage rapide et il vous suffira de suivre les conseils concernant les grillades pour les réussir parfaitement.

Bien qu'ils soient absents de ce volume, il ne faut pas oublier les fruits, don de la nature, qui constituent un excellent dessert. Variez les en jouant avec les saisons et en pensant en premier aux fruits régionaux : fraises, cerises, pommes, poires etc.

Bon, maintenant courez vite préparer vos salades, brochettes, sandwichs, vos amis ne vont pas tarder à arriver et il serait regrettable de les faire attendre.

Bon appétit !

Vinaigrette

1 cuillère de moutarde / 1/4 lit. de vinaigre / 1/2 lit. d'huile / sel fin / poivre du moulin

**Fouetter la moutarde, le vinaigre, le sel, le poivre.
Incorporer l'huile progressivement.**

Variantes :

Sauce rouge

Vinaigrette / 600 g. de tomates / 5 cl. de vinaigre.

**Enlever la peau des tomates, les épépiner et les passer au mixer.
Incorporer le vinaigre, la vinaigrette à cette préparation.**

Sauce niçoise

Vinaigrette / 12 olives noires dénoyautées / 10 filets d'anchois / 5 gousses d'ail / 40 g. de persil.

**Hacher finement tous les ingrédients.
Incorporer progressivement la vinaigrette.**

Sauce aux herbes

Vinaigrette / ciboulette / estragon / cerfeuil / persil.

Hacher les fines herbes. Les ajouter à la vinaigrette.

Sauce aux œufs

Sauce aux herbes / 2 œufs durs / 30 g. d'échalotes.

**Hacher finement les œufs durs et l'échalote.
Les ajouter à la sauce aux herbes.**

Vinaigrette à la crème

1/3 lit. de vinaigre / 2/3 lit. de crème / sel fin / poivre du moulin.

Ajouter progressivement la crème au vinaigre en fouettant. Assaisonner.

Cette sauce peut être agrémentée d'échalotes, de fines herbes, d'œufs durs... finement hachés.

Variantes :

Sauce au roquefort

Vinaigrette à la crème / 80 g. de roquefort.

Détailler le roquefort en petits cubes.
L'ajouter à la sauce à la crème.

Sauce aux lardons

Vinaigrette à la crème / 80 g. de poitrine fumée.

Couper la poitrine en petits dés très fins.
Faire sauter les lardons dans un peu d'huile fumante.
Les ajouter à la sauce avec la graisse de cuisson.

Anchoïade

250 g. de filets d'anchois / 5 gousses d'ail / 3 cuillerées à soupe d'huile d'olive / 1 filet de vinaigre (ou 1 jus de citron) / poivre / pain de campagne / branches de céleri, tomates, cœurs d'artichauts, concombre en tronçons / 1 pain de mie.

Dessaler les anchois en les passant sous l'eau froide.
Les piler, et, tout en remuant, ajouter l'huile d'olive, l'ail écrasé, le poivre, le vinaigre (ou le citron).
Servir avec le pain et les légumes que chacun trempera dans l'anchoïade.

Tartiner les tranches de pain avec la sauce, les faire griller au four et servir chaud.
Servir avec du céleri en branches, de petits artichauts de Provence, des tomates, etc.

Mayonnaise

2 œufs / 5 dl. d'huile / 2 cuillères de moutarde / sel fin / poivre de cayenne / quelques gouttes de vinaigre.

Séparer les jaunes des blancs.
Réunir dans un récipient, jaunes, sel, poivre, moutarde.
Incorporer l'huile progressivement en tournant à l'aide d'un fouet.
Ajouter le vinaigre en dernier.

Variantes :

Sauce Geisha

Mayonnaise + 1 orange

Eplucher l'orange avec un couteau économiseur.
Tailler l'écorce en fine julienne. La blanchir. Presser l'orange.
Ajouter à la mayonnaise jus et zeste.
Monter les blancs en neige et les incorporer délicatement.

Une mandarine peut remplacer l'orange.

Sauce moutarde

Mayonnaise / 3 cuillères de moutarde à l'ancienne / 2 blancs d'œufs.

En ajoutant les blancs en neige on rend la mayonnaise plus légère.

Sauce verte

Mayonnaise / quelques feuilles de : cresson, épinards, fines herbes.

Blanchir le cresson et les épinards.
Hacher finement le cresson, les épinards, les fines herbes.
Les adjoindre à la mayonnaise.

***

Fromage de tête

1 tête de porc sans la cervelle / 1 pied de veau / 100 g. de carottes / 100 g. d'oignons / 3 gousses d'ail / 1 bouquet garni / 5 dl. de vin blanc / assaisonnement et condiment.

Mettre la tête à cuire à l'eau froide avec le pied de veau désossé. Porter à ébullition et écumer.

Ajouter la garniture aromatique, laisser cuire 2 heures à 2 h 30 à ébullition lente.

Après cuisson retirer la tête et le pied. Laisser refroidir. Les couper en petits morceaux et les mettre dans une terrine ou un saladier.

Pendant ce temps réduire la cuisson de moitié. Ajouter le vin blanc et réduire de nouveau.

Passer la cuisson sur les morceaux et laisser refroidir.

Terrine de foies de volaille

300 g. de foies de volaille / 600 g. de collet de porc / 1 dl. de cognac / 2,5 dl. de vin blanc / 50 g. d'échalotes / 2 œufs / 1 à 2 crépines de porc / assaisonnement et condiment.

Tailler le collet en petits cubes.

Le mettre à mariner 12 heures avec les foies de volaille, le cognac, le vin blanc, les échalotes finement ciselées. Assaisonnement et condiment. Egoutter la marinade, réserver 100 g. de foies.

Hacher finement porc et foies restants, les œufs entiers, et ajouter la marinade. Mélanger le tout et rectifier l'assaisonnement.

Dans une terrine, tapisser le fond avec la crépine, ajouter une partie de la farce, puis intercaler les foies entiers, recouvrir avec le reste de farce.

Cuisson au bain-marie à four doux 1 heure à 1 h 30 selon la taille de la terrine.

Laisser refroidir en tassant avec un poids.

Terrine de foie de porc

500 g. de foie de porc / 500 g. de collet de porc / 200 g. de lard gras / 200 g. de jambon blanc / 2 œufs / 50 g. d'échalotes / 50 g. de beurre / 1 dl. de cognac / 4 bardes de lard / assaisonnement et condiment.

Eplucher les échalotes, les couper finement.

Faire fondre 50 g. de beurre, ajouter les échalotes, les cuire 5 minutes sans coloration.

Couper le jambon en fines lamelles de 5 mm de côté.

Hacher foie de porc, collet et lard gras, ajouter les œufs, les échalotes, le cognac, assaisonner selon le goût.

Tapisser une terrine avec des bardes de lard, ajouter 1/3 de la préparation, les lanières de jambon. Recommencer les opérations. Recouvrir le tout avec une barde de lard.

Cuisson au bain-marie, à four doux 1 heure à 1 h 30 selon la grosseur.

Laisser refroidir en tassant avec un poids.

Terrine de campagne

300 g. de collet de veau / 300 g. de collet de porc / 200 g. de jambon blanc / 200 g. de lard gras / 1 dl. de cognac / 2,5 dl. de vin blanc / 50 g. d'échalotes / 2 œufs / 1 barde de lard / assaisonnement et condiment.

Tailler tous les ingrédients en petits cubes.

Les faire mariner 12 heures avec cognac et vin blanc, échalotes finement ciselées, assaisonnement et condiment.

Tapisser la terrine avec la barde de lard.

Dans un saladier incorporer les œufs à la préparation et rectifier l'assaisonnement.

Mettre dans la terrine la totalité de la farce et recouvrir avec une barde.

Cuisson au bain-marie 1 heure à 1 h 30 selon la grosseur.

Après la cuisson laisser refroidir et mettre sous presse.

Terrine de poisson

Panade
60 g. de farine / 50 g. de beurre / 1/8 lit. de lait / 2 jaunes d'œufs.
Mousseline
300 g. de chair de poisson (brochet ou merlan) / 2 blancs d'œufs / 1/4 lit. de crème.
Garniture
2 dl. de vin blanc / 100 g. de dés de chair de poisson / 250 g. d'échalotes / 5 g. de persil / 100 g. dés de champignons / 25 g. de beurre / sel, poivre.

- Confectionner la panade. Faire fondre le beurre dans le lait en le portant à ébullition.

Ajouter la farine hors du feu.
Bien mélanger et dessécher sur le feu.
Laisser refroidir et ajouter les jaunes un par un.

- Confectionner la mousseline. Passer la chair de poisson (brochet de préférence) au mixer.

Ajouter les blancs, l'un après l'autre.
Bien mélanger et incorporer la crème.
Saler à 30 g.

- Confectionner la garniture. Faire suer les échalotes et le persil au beurre.

Ajouter les dés de champignons et la chair de brochet.
Mouiller au vin blanc et faire réduire quelques minutes.

- Finition de la terrine. Mélanger délicatement le tout.

Mettre cette préparation dans une terrine beurrée.
Cuire au four au bain-marie pendant 1 heure 15 minutes à 170°C.

- Sauces d'accompagnement : sauce rouge et sauce verte.

Cette terrine peut convenir pour une dizaine de personnes.

Rôti de porc froid

1 kg. de filet de porc / 4 + 2 bardes de lard / 50 g. de beurre / 1 cuillerée à soupe de cognac / 4 petites carottes / 3 branches de thym / 1 feuille de laurier / romarin / sel, poivre / 2 gousses d'ail.

Tapisser le fond et le tour de la terrine avec 4 bardes de lard et un peu d'aromates. Badigeonner le rôti de porc avec le beurre et le poser dans la terrine. Gratter et couper les carottes en rondelles et les répartir autour. Couper les gousses d'ail très fin. Saler, poivrer ; ajouter thym, laurier, romarin ; mouiller avec le cognac ; couvrir avec les 2 bardes de lard restantes. Fermer la terrine et faire cuire au four environ 2 heures. A la fin de la cuisson piquer la viande pour s'assurer qu'elle est bien cuite.

Laisser refroidir dans la terrine.

Pour l'emporter, la placer dans un récipient incassable. Décorer avec des carottes et des rondelles de tomates. Tiédir le jus de cuisson et le mélanger avec un peu de gelée. Verser sur le rôti. laisser prendre avant de couvrir.

***

Eclairs aux crevettes

12 éclairs ou petits choux salés / 36 crevettes ou poisson au naturel / 1 bol de mayonnaise / 2 tomates.

Fendre les éclairs et y mettre une petite cuillère à café de mayonnaise.

Garnir avec 3 crevettes ou des morceaux de poisson.

Ranger sur le plat de service sur des feuilles de salade en intercalant des quartiers de tomates.

***

Lorsqu'il s'agit de repas pris au cours de promenades en pleine nature, les salades peuvent être préparées à l'avance dans des récipients hermétiques, et assaisonnées juste avant de les présenter à table.

Ou encore les différents légumes, lavés, épluchés et éventuellement coupés peuvent être rangés sitôt épluchés dans des sacs en plastique où ils resteront parfaitement frais.

Les sauces peuvent être préparées et transportées dans des bouteilles incassables.

Chaque convive puisant les éléments de son choix, les assaisonnera à sa convenance dans de petits bols.

Salade exotique

6 petites tomates / 1 grosse boîte de cœurs de palmiers / 1 pamplemousse / 3 avocats / olives vertes et noires / vinaigrette / quelques feuilles de laitue.

Couper les tomates en quartiers. Couper les cœurs de palmier en rondelles. Couper les avocats en quatre. Peler le pamplemousse à vif.

Disposer les cœurs de palmier au centre d'un plat sur la salade ; entourer avec les quartiers d'avocats, intercaler avec des quartiers de pamplemousse. Border le tour du plat avec les tomates.

Répartir les olives et arroser avec la sauce.

Cette salade accompagne les brochettes avec succès.

Salade de printemps

6 fonds d'artichauts cuits / 3 petites boîtes d'asperges (pointes) / 200 g. de champignons de Paris / 1 citron / 1/3 de lit. de mayonnaise à la crème.

Emincer finement les fonds d'artichauts et les champignons crus. Ajouter le jus d'un citron, les pointes d'asperges, la mayonnaise. Remuer délicatement.

Salade variée aux pommes

1 concombre / 15 radis / 3 pommes / 1 laitue / 3 tomates / ciboulette, cerfeuil, persil / sel, poivre / 1 petit cœur de céleri / sauce à la crème.

Couper le céleri en lamelles fines.

Eplucher le concombre et les pommes, les couper en dés.

Couper les tomates en quartiers, après les avoir vidées de leur jus et de leurs graines.

Mettre dans une terrine tous les éléments et assaisonner de sauce à la crème.

Garnir un saladier de feuilles de laitue.

Disposer la salade et saupoudrer avec les herbes hachées.

Décorer de radis et servir frais.

Salade de haricots blancs

1 grosse boîte de haricots blancs / 2 carottes cuites coupées en rondelles / vinaigrette / 2 tomates / 2 oignons blancs / persil / quelques feuilles de laitue.

Egoutter les haricots, les placer avec les carottes dans un saladier garni de feuilles de laitue.

Décorer avec les oignons coupés en fines rondelles, saupoudrer avec le persil haché et placer les rondelles de tomates dressées tout autour entre les haricots et les feuilles de laitue. Arroser avec la vinaigrette.

Asperges en salade

12 asperges / 2 + 1 tomates / 2 œufs cuits durs / 1 petit concombre / vinaigrette / persil / cerfeuil / ciboulette

Peler et faire cuire les asperges à l'eau bouillante salée. Les égoutter.

Couper les 2 tomates et le concombre en rondelles. Retirer les graines des tomates et saupoudrer de sel le concombre.

Dans un saladier couper les asperges en tronçons, ajouter les tomates, les tranches de concombre égouttées, les œufs en rondelles, saupoudrer des fines herbes hachées et arroser avec la vinaigrette. Mêler délicatement et garnir le plat avec la 3e tomate coupée en quartiers.

Salade mixte

400 g. de riz / 200 g. de jambon blanc / 100 g. de champignons crus / 50 g. de petits pois / 1 petite boîte de maïs au naturel / 50 g. de poivrons verts / 2 œufs durs / 10 g. de persil haché / 1 citron / 1/2 lit. de mayonnaise.

Cuire le riz à l'eau bouillante salée, le rafraîchir, l'égoutter ; égoutter également le maïs.

Couper en petits dés le jambon blanc et les poivrons.

Laver les champignons, les émincer, et les arroser avec le jus d'un citron.

Dans un saladier, mettre tous les éléments et la mayonnaise, remuer délicatement et parsemer d'œufs durs et de persil hachés.

Salade de lentilles

1 boîte de lentilles / 2 cervelas / 2 tomates / 3 pommes de terre cuites à l'eau / 2 œufs cuits durs / quelques feuilles de laitue / sauce vinaigrette.

Rincer les lentilles à l'eau froide et les laisser égoutter. Faire une sauce de salade un peu relevée.

Les placer dans un récipient avec les pommes de terre et les cervelas épluchés et coupés en rondelles, arroser avec la sauce et mélanger délicatement.

Juste avant de servir verser dans un saladier garni de feuilles de laitue et décorer avec des quartiers d'œufs et de tomates.

Arroser avec un peu de vinaigrette.

Salade de pommes de terre aux cervelas

6 cervelas ou saucisses de francfort / 6 grosses pommes de terre / sauce vinaigrette / persil, cerfeuil, ciboulette.

Faire cuire les pommes de terre dans leur peau à la vapeur.

Les accommoder en salade et y mêler délicatement les saucisses coupées en rondelles.

Saupoudrer de fines herbes hachées.

On peut la présenter sur un lit de feuilles de laitue.

Salade italienne

300 g. de jambon blanc / 100 g. de salami / 1 pomme (fruit) / 100 g. de pommes de terre / quelques feuilles de laitue / 6 filets d'anchois / 1/2 lit. de mayonnaise / 100 g. de carottes / 50 g. de navets / 50 g. de petits pois / 100 g. de haricots verts / 2 tomates / 12 olives.

Tailler les pommes de terre, carottes, naverts, haricots verts en petits bâtonnets.

Cuire tous ces légumes à l'anglaise, ainsi que les petits pois. L'ensemble de ces légumes peut être remplacé par une boîte de macédoine.

Couper en julienne, le jambon, le salami, la pomme (fruit).

Rassembler tous les ingrédients, les lier à la mayonnaise.

Dresser dans un saladier, feuilles de laitue autour et décorer avec les tomates, les anchois et les olives.

Salade campagnarde

500 g. de bœuf de pot-au-feu / 3 carottes cuites avec la viande / 5 ou 6 petites pommes de terre / 1 oignon blanc / quelques cornichons / sauce aux herbes / quelques quartiers de tomates pour décorer (facultatif)

Faire cuire les pommes de terre, elles doivent rester fermes.

Les éplucher et les couper en rondelles.

Couper la viande en petits cubes, les oignons, les carottes et les cornichons en rondelles.

Verser tous les ingrédients dans un saladier, arroser avec la sauce, mêler délicatement.

Garnir avec les quartiers de tomates.

Salade de « Pierre à feu »

900 g. de reste de viande de pot au feu / 200 g. de tomates / 5 cornichons / 1 échalote / quelques feuilles de laitue / 3 œufs durs / 1 oignon / 25 g. de fines herbes / 1/3 de lit. de vinaigrette

Tailler la viande, les tomates, les cornichons en petits dés.

Hacher finement, l'oignon, l'échalote, l'ail, et les fines herbes.

Couper l'œuf en rondelles.

Rassembler tous les ingrédients et arroser avec la vinaigrette.

Dresser en saladier sur les feuilles de laitue.

Salade de volaille aux asperges

6 moitiés de noix de coco vides / 1 poulet de 1,5 kg. / 50 g. de carottes / 50 g. d'oignons / 20 g. de persil / 2 bottes d'asperges / 1 kiwi / 300 g. de crevettes « bouquet » / 4 dl. d'huile / 1 cuillerée de vinaigre / 1 jaune d'œuf / 1/2 citron / moutarde, sel, poivre / thym, laurier / ketchup et cognac / 12 feuilles de laitue.

Mettre le poulet vidé et bridé cuire dans une casserole avec de l'eau froide.

Faire bouillir pendant 2 à 3 minutes puis le rafraîchir à l'eau froide.

Egoutter le poulet et le frotter avec le 1/2 citron.

Remettre le poulet dans de l'eau froide avec la carotte et l'oignon épluchés et émincés. Ajouter un bouquet garni (thym, laurier, queue de persil).

Porter à ébullition et laisser cuire 30 à 40 minutes environ.

Retirer la volaille au terme de la cuisson et l'enrober dans du papier aluminium. Laisser refroidir.

Eplucher les asperges, les mettre cuire à l'eau bouillante salée.

Les égoutter au terme de la cuisson, couper les pointes (7 cm de longueur environ) et détailler le reste des asperges en petits morceaux.

Préparer une mayonnaise avec l'huile, le vinaigre et le jaune d'œuf. Ajouter le ketchup et le cognac selon son goût.

Eplucher le kiwi, le détailler en rondelles et réserver.

Détailler la chair du poulet froid en fines lanières.

Dans un récipient mélanger délicatement le poulet, les morceaux d'asperges et la mayonnaise.

Mettre les feuilles de laitue au fond des noix de coco.

Remplir celles-ci avec la préparation précédente.

Décorer avec les rondelles de kiwis, les pointes d'asperges et les crevettes bouquet.

Salade de volaille

1 volaille de 1,2 kg. / 200 g. de champignons de Paris cuits / 200 g. de tomates / 1 pomme (fruit) / 200 g. de gruyère / 3 cornichons / 3 œufs durs / quelques feuilles de laitue / 1/3 de lit. de mayonnaise.

Rôtir la volaille, enlever la peau, séparer la chair des os.

Tailler en julienne : la chair, les champignons, la pomme, le gruyère, les cornichons.

Lier les ingrédients avec la mayonnaise.

Dresser harmonieusement sur un lit de laitue.

Décorer avec œufs durs et tomates.

Salade de champignons

600 g. champignons de Paris / 50 g. d'échalotes ciselées / 50 g. de persil haché / 1 laitue / 1 jus de citron / 1/4 de lit. de vinaigrette.

Eplucher la laitue. Tapisser un saladier. Laver, émincer les champignons à cru, arroser avec le jus de citron.
Assaisonner : vinaigrette, persil haché, sel, poivre du moulin.

Salade forestière

500 g. de pommes de terre / 1 petit chou-fleur / 100 g. de champignons « rosés des prés » / 1 bol de mayonnaise / 1 citron.

Couper les pommes de terre épluchées en petits morceaux. Faire cuire à la vapeur. Eplucher et laver le chou-fleur, le faire cuire à l'eau bouillante salée. Laver les champignons, les émincer, les arroser avec un jus de citron pour qu'ils restent blancs. Disposer tous ces ingrédients dans un saladier en alternant les couches de légumes et de mayonnaise, finir par des légumes.

Variante : On peut présenter ces salades séparément sur des plats. Saupoudrer les champignons et les pommes de terre de persil haché et le chou-fleur d'un œuf dur écrasé à la fourchette.

Salade composée

100 g. de céleri rave / 100 g. de carottes / 100 g. de champignons de Paris frais / 150 g. de chicorée / 100 g. de betteraves rouges / 2 œufs durs / 1,5 dl. d'huile / 5 cl. de vinaigre / moutarde selon le goût / 30 g. de persil / assaisonnement / 2 citrons / 1/2 oignon.

Eplucher tous les légumes et préparer une vinaigrette.
Prendre un gros saladier et disposer tout autour la chicorée.
Tailler en bâtonnets fins (julienne) betteraves, carottes, céleri, (sur le céleri ajouter le jus d'un citron pour éviter qu'il ne noircisse.
Emincer finement les champignons, arroser avec un jus de citron.
Alterner les quatre couleurs et disposer sur le dessus des rondelles d'oignon. Parsemer de persil et d'œufs durs hachés.
Arroser de vinaigrette au dernier moment.

En préparant une salade de champignons, il ne faut pas oublier, comme pour le céleri ou les fonds d'artichauts, de les arroser de jus de citron afin qu'ils ne noircissent pas. (Photo J.L. Syren)

Mechouiya tunisien

600 g. de tomates / 300 g. de poivrons doux / 150 g. de thon à l'huile / 18 olives vertes et noires / 3 œufs durs / 1 cuillère de vinaigre / 5 cuillères d'huile / 1 jus de citron / 2 gousses d'ail / sel fin / poivre du moulin.

Peler et enlever les pépins des poivrons et tomates. Les couper en petits dés.

Assaisonner avec sel fin, poivre du moulin, huile, vinaigre, jus de citron, ail haché.

Ajouter le thon émietté.

Garnir avec olives et œufs durs.

Servir glacé.

Salade de maïs

1 boîte de maïs au naturel / 1 boîte de thon au naturel / 1 boîte de cœur de palmier / quelques cornichons / sauce vinaigrette / 3 tomates / 2 œufs cuits durs / un peu de poivron (facultatif)

Rincer le maïs et le laisser égoutter 10 minutes ainsi que le thon et les cœurs de palmier.

Mélanger le maïs, les cœurs de palmier coupés en petits tronçons et le thon émietté. Arroser avec les 2/3 de la vinaigrette.

Mettre au frais environ 1 heure.

Juste avant de servir décorer avec les œufs, les cornichons et les tomates coupés en rondelles et éventuellement des poivrons coupés en petits cubes.

Salade de poissons haïtienne

600 g. de filet de poissons / 6 citrons verts / 3 tomates / 3 œufs durs / 1 oignon / quelques feuilles de laitue / sel fin / poivre du moulin / fleurs de thym.

Couper le poisson en petits dés. Le mettre à mariner 6 heures avec le jus des citrons verts, sel, poivre du moulin, fleurs de thym.

Dresser sur un plat rond, les feuilles de laitue autour.

Garnir : tomates, œufs durs, oignons émincés.

Sauces d'accompagnement : niçoise, geisha

Salade de riz au crabe

250 à 300 g. de riz / 100 g. de crevettes roses ou une petite boîte / 1 boîte de miettes de crabe / 2 œufs durs / quelques cornichons / 1 bol de mayonnaise / fines herbes.

Préparer la salade la veille.

Faire cuire le riz dans l'eau bouillante. Quand il est cuit le rincer abondamment à l'eau froide. Bien le laisser égoutter. Dans un saladier préparer une mayonnaise assez importante.

Incorporer le riz, les miettes de crabe, les crevettes, les cornichons coupés en morceaux. Mêler délicatement le tout.

Mettre au réfrigérateur jusqu'au lendemain.

Juste avant de servir ajouter les rondelles d'œufs. Saupoudrer de fines herbes hachées.

Riz niçois

400 g. de riz cuit / 200 g. de poivrons / 200 g. de tomates / 150 g. de thon / 1 laitue / 30 g. d'échalotes ciselées / 2 gousses d'ail haché / 18 olives vertes et noires / 3 œufs durs / 1/2 lit. de vinaigrette.

Peler et enlever les pépins des poivrons et des tomates. Les couper en petits dés.

Mélanger le riz (cuit à l'anglaise), les poivrons, les tomates, le thon émietté, les échalotes ciselées, l'ail écrasé, la vinaigrette.

Décorer selon le goût avec laitue, œufs durs, olives.

Salade de nouilles au gruyère

Pâte à nouilles : 400 g. de farine, 4 œufs, 4 g. de sel, 1 cl. d'huile / 150 g. de gruyère / 80 g. de jambon fumé / 1,5 dl. d'huile / 5 cl. de vinaigre / moutarde selon goût / 20 g. de persil haché / assaisonnement / fines herbes.

Préparer et cuire les nouilles selon la recette et la méthode habituelle. Bien les égoutter.

Faire une vinaigrette.

Tailler le gruyère en petits dés ainsi que le jambon.

Dans un saladier, mélanger pâtes, jambon, gruyère, ajouter la vinaigrette et parsemer de persil haché.

Piqués sur un pamplemousse, des amuse-gueule pour accompagner l'apéritif : sur des cure-dents, intercaler des dés de pamplemousse, de tomates, gruyère, poivrons, crevettes, olives, œufs durs... etc. Sauces d'accompagnement : geisha, moutarde, verte.
(Photo J.L. Syren/S.A.E.P.)

Rafraîchissants, les pamplemousses garnis. *(Photo J.L. Syren)*

Avocats à la créole

3 avocats / 200 g. de crevettes décortiquées / 100 g. de riz / 200 g. de poivrons doux / 100 g. de tomates / 3 kiwis / 1/2 lit. de mayonnaise / 2 cuillères de whisky / 1 cuillère de ketchup.

Couper les avocats dans la longueur, enlever le noyau.

Lever les chairs à la cuillère à pommes parisienne (ronde) ou les détailler à la petite cuillère, sans abîmer la peau.

Peler et enlever les pépins des poivrons et tomates. Les couper en petits dés.

Cuire le riz à l'anglaise.

Mélanger, l'avocat, les crevettes, le riz, les poivrons et les tomates, la mayonnaise, le whisky et le ketchup.

Replacer la préparation dans les peaux des avocats.

Décorer le dessus de tranches de kiwis pelés à vif.

Avocats farcis

3 avocats / 1 petite boîte de moules cuites / 1 petite boîte de crevettes cuites / 100 g. de riz / 1/3 lit. de mayonnaise au ketchup / 1 citron.

Fendre en deux les avocats dans le sens de la longueur. Les dénoyauter. Evider la pulpe et l'émincer. Garder l'écorce intacte.

Cuire le riz à l'eau bouillante salée, le rafraîchir à l'eau froide, l'égoutter.

Rincer les moules et les crevettes, les égoutter également.

Dans un saladier, mettre les avocats émincés, les moules, les crevettes, le riz et la mayonnaise.

Remuer délicatement et rectifier l'assaisonnement.

Garnir les écorces, réserver au frais.

Avocats au Roquefort

3 avocats / 100 g. de roquefort / 1/2 jus de citron / 1/3 lit. de crème / sel / poivre du moulin.

Couper les avocats dans le sens de la longueur, enlever le noyau.

Lever les chairs à la cuillère à pommes parisienne ou détailler à la petite cuillère sans couper la peau. Arroser avec le jus de citron.

Couper le roquefort en petits dés.

Confectionner une crème fouettée.

Mélanger les composants. Assaisonner.

Répartir dans la peau des avocats.

Concombres farcis

3 concombres / 300 g. de crevettes décortiquées / 1/3 lit. de mayonnaise / 3 cuillères de ketchup / 1 cuillère de whisky.

Eplucher et couper les concombres dans le sens de la longueur. Les vider. Les farcir avec les ingrédients mélangés.

Concombres au fromage blanc

3 concombres / 1/2 lit. de crème / 1/2 lit. de fromage blanc / 1/4 lit. de lait / 3 cuillères de ciboulette hachée / sel / poivre du moulin.

Eplucher, émincer et faire dégorger les concombres au sel pendant 2 heures. Les presser et les mélanger avec les autres ingrédients.

Servir glacé.

Pamplemousses garnis

3 pamplemousses / 300 g. de crevettes décortiquées / 1/3 lit. de mayonnaise / 1 cuillère de whisky / 6 bigarreaux.

Couper les pamplemousses dans la largeur.

Prélever les quartiers et les mélanger avec la mayonnaise, les crevettes, le whisky.

Garnir les écorces de cette préparation.

Décorer de bigarreaux.

Fonds d'artichauts farcis

6 fonds d'artichauts / 6 petits suisses / 3 tranches de jambon / 150 g. de champignons / 100 g. d'olives vertes / 1 brin d'estragon et de fines herbes au choix.

Faire revenir au beurre les champignons coupés menus. Couper de même le jambon. Dénoyauter les olives. Mélanger le tout avec les petits suisses.

Garnir les fonds d'artichauts. Décorer d'un brin d'estragon et fines herbes au choix.

Les concombres farcis, une préparation inhabituelle, originale. *(Photo J.L. Syren)*

Un petit peu d'exotisme : des avocats créoles. *(Photo J.L. Syren)*

Cocktail des Iles

6 moitiés de noix de coco vides / 12 feuilles de laitue / 600 g. de crevettes décortiquées / 200 g. de champignons en boîte / 500 g. de crevettes « bouquet » / 4 dl. d'huile / 1 cuillerée de vinaigre / 1 jaune d'œuf / moutarde / sel, poivre / cognac / ketchup / 50 g. de persil en branche.

Préparer une mayonnaise avec l'huile, le vinaigre et le jaune d'œuf. Ajouter le ketchup et le cognac selon son goût.

Mélanger les crevettes décortiquées, les champignons taillés en lamelles et la mayonnaise.

Mettre les feuilles de laitue au fond des noix de coco.

Remplir celles-ci avec la préparation.

Décorer le dessus avec les crevettes bouquet et le persil en branche.

On peut utiliser des champignons frais arrosés de jus de citron.

Citrons farcis

6 citrons / 150 g. de sardines ou thon en boîte / 30 g. de câpres hachées / 50 g. de riz / 6 olives / 4 dl. d'huile / moutarde / sel, poivre / 2 œufs / 6 feuilles de laitue.

Cuire le riz à l'eau bouillante salée, le rafraîchir après cuisson et le garder de côté.

Cuire un œuf et le hacher finement après cuisson.

Couper l'extrémité des citrons et les vider à l'aide d'une petite cuillère.

Préparer une mayonnaise avec un jaune d'œuf, l'huile et le jus d'un citron.

Egoutter le thon ou les sardines, les écraser dans une assiette creuse, ajouter l'œuf haché, les câpres, le riz et la mayonnaise.

Mélanger délicatement le tout et vérifier l'assaisonnement.

Remplir les citrons.

Poser sur le dessus de chacun d'eux une olive.

Dresser sur une assiette garnie de feuilles de laitue.

***

Tomates printanières

6 tomates moyennes / 1 boîte 4/4 de macédoine de légumes / 1/4 lit. d'huile / 1 œuf / 1 cuillère à café de moutarde / 1 cl. de vinaigre / sel fin / poivre blanc / 1 laitue.

Nettoyer et égoutter la laitue.

Couper un couvercle aux tomates du côté opposé au pédoncule.

Vider les tomates à l'aide d'une cuillère, les saler et les retourner.

Egoutter, rincer et presser les légumes de la macédoine.

Assaisonner la macédoine avec une mayonnaise faite avec le jaune d'œuf, la moutarde, l'huile et le vinaigre.

Saler et poivrer.

Remplir les tomates.

Dresser sur une assiette garnie d'un lit de salade.

Tomates en surprise

Pour 6 personnes

12 tomates bien régulières / 200 g. de thon / 500 g. de concombre / 2 dl. de crème / 2 cl. de vinaigre / 50 g. d'oignons / 20 g. de persil / 2 œufs / 1/4 lit. d'huile / sel / poivre / 1 laitue.

Nettoyer la laitue, réserver.

Couper un couvercle aux tomates côté opposé au pédoncule.

Vider les tomates à l'aide d'une cuillère, les saler et les retourner.

Couper les concombres en deux dans le sens de la longueur, les épépiner à l'aide d'une cuillère, les tailler en lamelles, les saler et réserver.

Préparer l'appareil suivant : thon, 1 œuf dur, l'oignon et le persil hâchés ; lier le tout à la mayonnaise.

Remplir 6 tomates avec cet appareil et remettre le couvercle.

Presser les concombres, les mettre dans un récipient avec la crème et 1 cl. de vinaigre, saler, poivrer.

Remplir 6 tomates avec les concombres et remettre le couvercle.

Dresser sur une assiette garnie d'un lit de salade.

Colorées, faciles à préparer, les tomates en portefeuille peuvent être préparées à l'avance.
(Photo J.L. Syren)

Le riz à la niçoise ; il peut être le plat essentiel d'un repas campagnard. *(Photo J.L. Syren)*

Tomates en portefeuille

4 tomates / 2 œufs cuits durs / 150 g. de saucisse de viande / persil, échalote / vinaigrette.

Couper les œufs et la saucisse en rondelles.

Laver les tomates ; les entailler.

Disposer dans chaque entaille, par alternance, les rondelles de saucisse et d'œuf.

Hacher persil et échalotes. Parsemer en partie sur les tomates. Réserver le reste pour la vinaigrette.

Servir avec une vinaigrette.

Tomates au maïs

6 tomates / 300 g. de maïs au naturel / mayonnaise / 6 petits cornichons / quelques feuilles de laitue / quelques branches de persil.

Egoutter et mélanger le maïs, les cornichons coupés en rondelles et la mayonnaise.

Couper un chapeau aux tomates, les vider de leurs graines et de leur jus, en les retournant quelques minutes.

Remplir les tomates avec la préparation, replacer le chapeau et le décorer avec un petit bout de feuille de persil.

Tomates aux herbes

6 tomates / 6 œufs cuits durs / 6 filets d'anchois roulés / vinaigrette / cerfeuil, persil, ciboulette / quelques feuilles de laitue.

Ecaler les œufs et les hacher grossièrement.

Hacher les fines herbes et les ajouter à la vinaigrette ainsi que les œufs.

Couper un chapeau aux tomates, les retourner pour enlever les graines et les égoutter pendant 10 minutes.

Les remplir avec la préparation, replacer le chapeau et poser un filet d'anchois sur chacun.

Poser les tomates sur un lit de laitue.

EN SANDWICHS OU EN TOASTS

Chaque préparation convient soit sur des tranches de pain de mie ou de campagne grillées ou non, beurrées, coupées en petites bouchées pour faciliter la dégustation, soit insérée dans des petits pains sandwichs fendus et beurrés.

- Sur une tranche de pain de mie grillée ou non déposer une tranche de jambon cuit avec des tranches de petits oignons au vinaigre.

Couvrir d'une tranche de pain de mie beurré des deux côtés, déposer une tranche de jambon cru et des petits cornichons.

Terminer par une tranche de pain de mie beurré.

- Sur une tranche de pain de mie grillée, déposer une feuille de laitue, des rondelles de tomates et de concombres. Assaisonner, sel, poivre, jus de citron et un peu d'huile d'olive.

- Sur une tranche de pain de mie grillée déposer une feuille de laitue, des rondelles de tomate et d'œuf dur. Décorer de mayonnaise.

- Sur une tranche de pain de mie grillée d'un seul côté mettre sur le côté non grillé de la mayonnaise, une tranche de rosbif froid, des rondelles d'œuf dur, des cornichons, de la mayonnaise.

Terminer par une tranche de pain de mie grillée d'un seul côté.

- Sur une tranche de pain de mie déposer une feuille de laitue, du poulet désossé, de la mayonnaise et terminer par une tranche de pain de mie.

- Sur une tranche de pain de mie grillée d'un seul côté verser 1/2 jus de citron sur le côté non grillé, une cuillerée de crème fraîche, une tranche de saumon grillé, des rondelles d'oignons et des câpres.

- Sur une tranche de pain de mie fraîchement grillée déposer une feuille de laitue, 1/2 jus de citron, rondelle de tomate et tranche de gruyère. Déguster sans tarder.

***

Pour préparer les toasts ou les sandwichs à l'avance, il convient de tartiner le pain, avec du beurre éventuellement parfumé, afin qu'il ne soit pas détrempé par l'humidité de la garniture. (Photo J.L. Syren/S.A.E.P.)

La salade mixte constitue un plat complet et s'emporte aisément en pique-nique. (Photo J.L. Syren)

Originale, une salade florida en hors-d'œuvre. (Photo J.L. Syren)

Courgettes sauce gribiche

6 petites courgettes / 1 œuf cuit dur / vinaigrette / fines herbes : persil, cerfeuil, ciboulette.

Laver et faire cuire les courgettes à l'eau bouillante salée.

Ecaler et écraser grossièrement l'œuf avec une fourchette. Couper les fines herbes et les verser avec l'œuf dans la vinaigrette.

Egoutter et servir les courgettes accompagnées de la sauce.

Salade florida

1 laitue / 3 oranges / 1/4 lit. de crème / 2 citrons

Peler les oranges à vif, séparer les quartiers.
Eplucher et laver la salade.
Mélanger la salade, les quartiers d'oranges.
Arroser avec la sauce faite avec le jus des citrons et la crème.
Dresser en saladier.

Salade à l'ananas

1 salade frisée / 1 ananas / 1 petite boîte de maïs / 20 g. de noix de coco râpé / 1/4 de lit. de vinaigrette / poivre de cayenne.

Eplucher et laver la salade. Egoutter le maïs.
Parer et couper l'ananas en petits dés.
Disposer tous les composants dans un saladier.
Assaisonner vinaigrette et poivre.
Parsemer de noix de coco râpé.

Salade californienne

1 salade frisée / 3 oranges / 50 g. de cerneaux de noix / 1/4 lit. de vinaigrette à la crème.

Peler les oranges à vif, séparer les quartiers.

Eplucher et laver la salade.

Mélanger la salade, les quartiers d'oranges, les cerneaux de noix, la vinaigrette.

Dresser en saladier.

Oeufs fermière

6 œufs / 1 dl de crème fraîche / sel, poivre / fines herbes / laitue / olives noires.

Faites cuire les œufs durs, les rafraîchir, les écaler, les couper en deux.

Séparer les blancs des jaunes et mêler ces derniers avec la crème salée, poivrée. Remplir les blancs avec cette préparation.

Disposer les demi-œufs sur les feuilles de salade et saupoudrer de fines herbes hachées. Répartir les olives autour des œufs.

Oeufs sur canapés

6 tranches de pain de mie / 3 œufs durs / 25 cl. de fromage blanc / quelques cuillerées de crème fraîche / un peu de purée de tomates / un peu de ciboulette et de persil / sel, poivre / un peu de muscade et de paprika / 1 petit bol de mayonnaise.

Faire cuire les œufs, durs. Faire griller légèrement le pain de mie (facultatif). Hacher la ciboulette, la mélanger avec le fromage blanc et la crème fraîche. Tartiner légèrement les toasts avec ce mélange.

Assaisonner avec le sel, le poivre, la muscade et le paprika.

Ecaler les œufs et les couper en deux.

Enlever soigneusement les jaunes. Mélanger ceux-ci avec la mayonnaise.

Reconstituer les demi-œufs et les placer, face contre les canapés. Les décorer de purée de tomates et garnir avec le persil.

Oeufs à la broche à la menthe

12 œufs / 50 g. de beurre / sel fin / 14 feuilles de menthe / 1/4 lit. de crème / poivre du moulin.

Vider les œufs en pratiquant une ouverture à l'extrémité de ceux-ci à l'aide d'une aiguille à tricoter.

Couper finement 6 feuilles de menthe.

Cuire doucement dans un récipient beurré, les œufs battus assaisonnés de menthe finement coupée. Ajouter la crème en fin de cuisson.

La préparation doit rester mœlleuse. A l'aide d'une poche et d'une fine douille garnir les coquilles d'œufs avec cette préparation. Intercaler œufs farcis et feuilles de menthe sur une brochette. Griller quelques minutes.

Les œufs à la broche à la menthe étonneront vos invités !
(Photo J.L. Syren/S.A.E.P.)

Parfumées aux branches de romarin jetées sur les braises, des darnes de saumon grillées. La chair du poisson est fragile, utiliser de préférence un grill double. *(Photo J.L. Syren/S.A.E.P.)*

Maquereaux grillés

6 maquereaux / 3 citrons / assaisonnement : sel, poivre.

Faire vider les maquereaux par le poissonnier.
Les laver et les égoutter. Les essuyer dans un linge. Les saler et les poivrer à l'intérieur.
Les poser sur le grill et laisser cuire doucement 20 minutes.
Dresser sur les assiettes avec des quartiers de citron.

Darnes de saumon grillées

6 darnes de 150 à 200 g. de saumon / 4 citrons / 1 dl. d'huile / assaisonnement : sel, poivre, thym, laurier.

Préparer une marinade avec 1 dl. d'huile, 2 jus de citron, du sel, du poivre, thym et laurier.
Mettre les darnes dans cette marinade quelques instants.
Les poser sur le grill chaud (saisir), puis les terminer plus doucement.
Retourner les tranches de poisson de l'autre côté.
Les servir en les arrosant avec le jus des deux autres citrons.

Truites en papillotes

6 truites / 2 citrons (pelés à vif) / 100 g. de beurre / 50 g. de persil / assaisonnement : sel fin, poivre du moulin.

Dans une feuille de papier aluminium mettre une truite (nettoyée et lavée), avec deux rondelles de citron, une noix de beurre, du persil, du sel et du poivre. Fermer la papillote.
Recommencer pour chaque truite.
Poser les papillotes sur le grill, pour 15 à 20 minutes en les retournant.
Après cuisson, ajouter du beurre fondu dans chaque papillote.

Sardines à la diable

18 sardines / 3 citrons / 100 g. de beurre / assaisonnement : sel, poivre, moutarde, chapelure.

Lever les filets des sardines. Les laver et les égoutter.
Enduire chaque filet de moutarde et de chapelure.
Les cuire vivement sur le grill.
Servir avec citron et beurre fondu.

Brochettes de Saint-Jacques

36 noix de Saint-Jacques (6 par brochette) / 12 tranches de poitrine fumée / 4 dl. d'huile / 4 citrons / 2 poivrons rouges.

Emballer 12 noix de Saint-Jacques dans les tranches de poitrine fumée.
Tailler les poivrons en quartiers.
Intercaler sur les brochettes les morceaux de poivrons et les noix de Saint-Jacques avec à chaque extrémité une noix de Saint-Jacques emballée dans une tranche de lard.
Mettre à mariner avec le jus de 2 citrons pendant 10 minutes. Cuire 5 minutes.
Dresser sur les assiettes avec un quartier de citron.

Homards grillés au pastis

3 homards de 500 g. / 100 g. de beurre / 1 dl. de pastis / sel / poivre / 3 citrons.

Fendre les homards en deux (lorsqu'ils sont vivants). Ecraser les pinces avec un marteau. Retirer le corail de l'intérieur.
Disposer les homards sur le grill chaud côté carcasse.
Saler et poivrer les chairs.
Mélanger le corail avec le beurre.
Répandre ce mélange sur les demi-homards.
Verser le pastis et laisser cuire 15 minutes.
Servir avec des rondelles de citron.

Sardines à la diable ; leur chair est grasse, inutile de les badigeonner d'huile.
(Photo J.L. Syren/S.A.E.P.)

Maquereaux grillés. Pour qu'ils n'attachent pas à la grille, il ne faut pas écailler le poisson.
(Photo J.L. Syren)

Brochettes de lotte

1,2 kg. de filets de lotte / 4 œufs / 250 g. de chapelure / 3 citrons / assaisonnement : sel, poivre du moulin, huile, vin blanc.

Pocher les filets de lotte (eau + vin blanc + sel et poivre).
Après cuisson les couper en gros cubes. Les disposer sur des brochettes.
Passer les brochettes dans les œufs battus, puis dans la chapelure.
Les griller en les arrosant de temps en temps avec un peu d'huile.
Dresser avec des citrons coupés en deux.

Brochettes de grenouilles

6 douzaines de cuisses de grenouilles / 4 citrons / 1 dl. d'huile / assaisonnement : sel, poivre, moutarde.

Ranger les cuisses de grenouilles sur les brochettes.
Les passer quelques instants dans l'huile, le jus de deux citrons, sel et poivre.
Les mettre sur le grill, et en fin de cuisson, les enduire légèrement de moutarde avec un pinceau.
Servir sur les assiettes avec des tranches de citron.

Brochettes de Saint-Jacques

600 g. de Saint-Jacques / 500 g. de moules / 200 g. de champignons / 50 g. de beurre / 1 dl. d'huile / assaisonnement : sel fin, poivre du moulin, vin blanc.

Cuire les moules dans le vin blanc, 25 g. de beurre et un peu de poivre. Après cuisson les décortiquer.
Pocher les Saint-Jacques dans la cuisson des moules.
Sur des brochettes disposer moules et Saint-Jacques.
Commencer et terminer chaque brochette par une tête de champignon.
Passer chaque brochette à l'huile.
Mettre les brochettes sur le grill (chaleur modérée) en fin de cuisson les parsemer des 25 g. de beurre restant.

Brochettes d'agneau

800 g. d'épaule d'agneau / 1 lit. de lait / sel, poivre, condiment / 4 dl. d'huile.

Couper l'épaule en petits cubes.

Les mettre à mariner dans le lait avec sel et poivre et condiments (3 heures). Les disposer sur les brochettes.

Les passer à l'huile et les cuire sur le grill chaud.

Cuire 7 minutes en badigeonnant souvent.

Rognons de veau Maître d'hôtel

3 rognons de veau / 1 dl. d'huile / 150 g. de beurre / 150 g. de beurre / 40 g. de persil / 1 jus de citron / assaisonnement : sel, poivre.

Préparer le beurre maître d'hôtel en mélangeant le beurre, le persil haché, le jus de citron, sel et poivre.

Réserver au frais.

Préparer les rognons, enlever la graisse qui se trouve à l'intérieur.

Les escaloper (couper en biais). Les disposer sur des brochettes.

Passer les brochettes dans l'huile et les faire griller.

Assaisonner en cours de cuisson.

Servir avec une noisette de beurre maître d'hôtel.

Côtes de veau en papillote

6 côtes de veau assez minces / 600 g. de girolles / 30 g. de beurre / 1 verre de vin blanc sec / vinaigre / sel, poivre / 2 cuillerées d'huile.

Nettoyer et laver les girolles rapidement dans de l'eau vinaigrée. Les égoutter en les pressant avec les mains. Les mettre cuire 5 minutes avec un peu de beurre dans une poêle.

Faire dorer les côtes sur les deux faces avec l'huile. Les retirer et les remplacer par les girolles, le vin blanc ; les faire cuire sur feu vif 5 minutes en salant et poivrant.

Déposer chaque côte sur une feuille d'aluminium, couvrir avec des girolles, un peu de beurre. Refermer et rouler les bords pour fermer hermétiquement. Faire cuire 20 minutes, en retournant à mi-cuisson.

La composition des brochettes peut varier à l'infini. Elles peuvent être préparées à l'avance : dés de filet de bœuf et de poivron vert ; de rognons de veau ; petites tomates, cubes de veau, de bœuf, de lard, champignons ; dés de porc et d'ananas, ou improvisées, suivant leur goût, par les invités qui disposeraient d'éléments prévus dans des récipients.

(Photos J.L. Syren)

Brochettes de porc à l'ananas

1 kg. de rôti de porc / 1 dl. d'huile / 1 ananas frais / sel / poivre.

Découper le rôti en cubes de 3 cm/3 cm.

Après avoir couper les deux extrémités de l'ananas, l'éplucher en suivant l'écorce avec un couteau.

Couper l'ananas en rondelles de 3 cm d'épaisseur et enlever la partie dure du centre avec un couteau ou à l'emporte pièce.

Découper ces rondelles en cubes de 3 cm de côtés.

Alterner sur une brochette les cubes de porc et d'ananas.

Passer à l'huile.

Cuire sur un grill pas trop chaud de manière à ne pas dessécher l'ananas.

Brochettes de porc aux pruneaux

500 g. de filet de porc / 350 g. de pruneaux (24) / 12 tranches de lard fumé (très fines).
Marinade : *2 échalotes, 1 verre d'huile d'olive, 1 jus de citron, épices.*

Couper la viande en gros dés.

Préparer la marinade et y mettre mariner la viande 3 heures.

Mettre les pruneaux à tremper pendant 2 heures dans de l'eau tiède (ou du thé) et faire cuire 20 minutes. Dénoyauter et enrouler chaque pruneau dans une demi-tranche de lard.

Egoutter la viande. Enfiler les éléments sur les brochettes et faire griller 10 minutes.

Saler, poivrer avant de servir.

Brochettes campagnardes

6 petites côtelettes d'agneau assez épaisses / 150 g. de foie de veau en tranches / 6 rognons d'agneau / 6 petites saucisses fraîches / 6 champignons / 3 petites tomates / 100 g. de beurre / sel, poivre / citron.

Couper le foie de veau en six carrés, les rognons en deux, les tomates en quatre. Garder uniquement la tête des champignons.

Préparer les brochettes en enfilant tous les éléments composant une part. Saler et poivrer. Les disposer sur la grille du barbecue. Dès qu'une face grésille, laisser quelques minutes et retourner, répéter l'opération jusqu'à cuisson totale.

Brochettes de filet de bœuf aux poivrons verts

1,2 kg. de filet de bœuf / 500 g. de poivrons verts / 2 dl. d'huile / sel / poivre.

Découper le filet de bœuf en cubes de 3 cm/3 cm.

Enlever les pépins des poivrons.

Découper les poivrons en tranches de 3 cm d'épaisseur.

Découper ces tranches en quartiers de 3 cm/3 cm.

Alterner sur une brochette les cubes de bœuf et les tranches de poivrons.

Passer à l'huile.

Cuire sur un grill bien chaud.

Il est important de garder la viande saignante pour pouvoir apprécier cette brochette.

Brochettes mixtes

500 g. de rumsteak (bœuf) / 500 g. d'escalope de veau / 3 tomates / 2 oignons / 1 à 2 poivrons selon grosseur / 1 dl. d'huile / assaisonnement : sel, poivre.

Couper en petits morceaux bœuf et veau.

Tailler tomates, oignons et poivrons en quartiers.

Disposer viandes et légumes en alternant les couleurs sur des brochettes.

Les passer dans l'huile et les assaisonner.

Cuisson sur grill assez chaud.

Les brochettes d'agneau doivent être saisies à plein feu, leur cuisson dure environ 8 minutes. (Photo J.L. Syren)

Les côtes de porc en papillote ; elles sont savoureuses, mais il ne faut pas oublier que la viande de porc doit être consommée bien cuite.
(Photo J.L. Syren)

Côtes de porc en papillotes

6 côtes de porc / 100 g. de carottes / 100 g. de blancs de poireaux / 50 g. de navets / 150 g. de beurre / assaisonnement : sel, poivre.

Tailler en fines juliennes : carottes, navets, poireaux,
Faire étuver le tout avec du beurre.
Faire dorer les côtes sur le grill.
Dans une feuille de papier d'aluminium légèrement beurré, mettre un peu de julienne étuvée, une côte de porc assaisonnée, et de nouveau un peu de julienne, puis une noisette de beurre. Refermer la papillote.
Procéder de même pour les autres côtes.
Les griller sur feu moyen.

Côtes de porc dijonnaises

6 côtes de porc de 150 g. / 1 petit pot de moutarde / 1 dl. de cassis / 1 dl. d'huile / assaisonnement.

Mélanger la moutarde et le cassis.
Passer les côtes dans le mélange.
Poser les côtes sur le grill.
Badigeonner le dessus avec de la moutarde.
Retourner les côtes et recommencer l'opération.
Cuisson 10 minutes.

Côtes de porc à l'orange et à la menthe

5 côtes de porc / 4 oranges / 50 g. de feuilles de menthe.

Presser le jus des oranges.
L'aromatiser avec les feuilles de menthe lavées et émincées.
Mettre à mariner les côtes dans ce jus.
Les ranger sur le grill chaud.
Cuire 8 minutes.
Servir avec des pommes chips.

Côtes de porc à l'ananas

6 côtes de porc de 200 g. / 2 dl. d'huile / 12 rondelles d'ananas en boîte / 50 g. de chapelure / 50 g. de farine / 1 œuf / sel / poivre.

Paner les rondelles d'ananas (les passer à la farine, dans l'œuf battu et la chapelure).

Passer les côtes de porc à l'huile.

Les déposer sur le barbecue.

Laisser cuire 5 minutes.

Retourner les côtes, saler, poivrer, et laisser cuire encore 5 minutes.

Retirer les côtes sur un plat et les tenir au chaud près du feu.

Griller les rondelles d'ananas des deux côtés.

Dresser sur assiette les côtes de porc avec les rondelles d'ananas.

Cochon de lait St.-Hubert

1 porcelet vidé, de 12 à 15 kg., désossé et salé (sel nitrité et épices composés selon le goût) pendant 12 h environ.

Farce :

1 kg. de poireaux / 2 kg. d'oignons / 500 g. de lard fumé / 1 kg. de marrons émondés / 2 kg. de pommes de terre / 3 kg. de viande (1/3 veau, 1/3 maigre de porc, 1/3 blanc de volaille ou le foie du porcelet) / 3 œufs / persil / ail / sel, poivre.

Faire une farce avec les 3 kg. de viande, y introduire les 3 œufs, les poireaux et les oignons (préalablement émincés et sués au beurre, 1/2 h. environ), le lard fumé (coupé en dés), les marrons (émondés), les pommes de terres (crues coupées en dés), le persil concassé et l'ail selon le goût, le sel et le poivre.

Placer cette farce à l'intérieur du porcelet, recoudre sur la partie ventrale, dresser en position assise.

Faire cuire à four doux 120°, 150° pendant 4 à 5 heures ou au feu de bois 5 heures à 5 h 30 m. Pour cette dernière cuisson, bien fixer le porcelet de préférence sur une broche anglaise pour éviter les déchirures à la cuisson.

Recette communiquée par le restaurant « Au Chasseur » à Colmar.

Côtes de porc à l'ananas pour intriguer les convives.
(Photo J.L. Syren/S.A.E.P.)

Patience et longueur de temps... le cochon de lait à la broche nécessite 4 à 5 heures de cuisson.
(Photo J.L. Syren)

Andouillettes grillées au vinaigre de framboises

6 andouillettes à griller / 2 dl. d'huile / 1 dl. de vinaigre de framboises / 3 dl. de vin blanc / 100 g. d'oignons hâchés / 4 dl. de crème / 1 cuillère de moutarde.

Griller les andouillettes 5 minutes. Les tartiner de moutarde.
Faire suer les oignons hâchés, déglacer au vinaigre de framboises, ajouter le vin blanc et laisser réduire aux 3/4, ajouter la crème, laisser réduire et assaisonner.
Poser les andouillettes sur une feuille de papier aluminium.
Arroser avec la sauce et fermer la papillote.
Poser sur le grill pendant 5 minutes.
Servir dans la papillote.

Cervelas farcis

6 cervelas ou saucisses de Strasbourg / 6 petites tranches de gruyère / 6 bardes de lard.

Enlever la peau des saucisses. Les fendre sur toute la longueur et y insérer une tranche de gruyère. Entourer le tout d'un barde de lard, maintenue par un bâtonnet.
Faire griller sur toutes les faces.

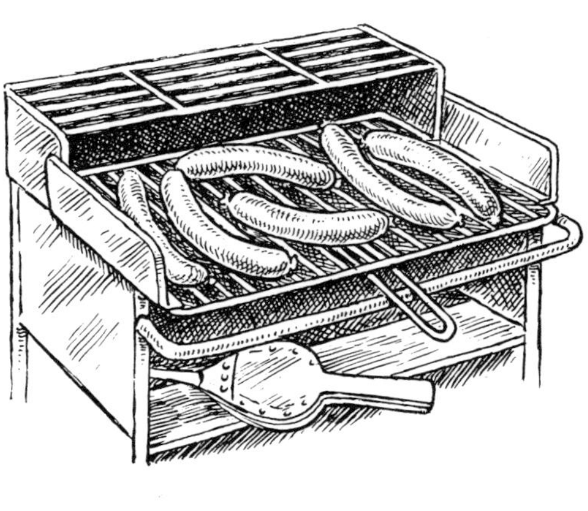

Côtes de bœuf grillées

2 côtes de bœuf de 800 g. / 2 dl. d'huile / sel / poivre du moulin.

Dégraisser la côte de bœuf. Couper le nerf.
La passer à l'huile.
La poser sur un grill chaud, laisser cuire 5 minutes, donner 1/4 de tour pour effectuer un quadrillage et continuer la cuisson pendant 5 minutes.
Retourner la côte, saler, poivrer.
Opérer de la même manière pour la deuxième côte.

La température de cuisson est importante, une chaleur trop forte noircit la côte, une chaleur trop faible donne à la pièce un aspect bouilli assez désagréable.

Garniture d'accompagnement : tomates et champignons grillés.

Entrecôtes grillées à l'échalote

6 entrecôtes de 200 g. / 1 dl. d'huile / 100 g. de beurre / 200 g. d'échalotes.

Couper finement les échalotes et les faire cuire doucement au beurre, pour les réduire en purée.
Cuire les entrecôtes sur le grill pendant 5 minutes.
En fin de cuisson, disposer les entrecôtes sur une assiette et les tapisser avec la purée d'échalotes.

Entrecôtes grillées mirabeau

6 entrecôtes de 200 g. / 1 dl. d'huile / 150 g. d'anchois à l'huile / assaisonnement / 200 g. de beurre.

Mélanger le beurre avec une purée d'anchois faite en passant les 100 g. d'anchois à la moulinette.
Huiler les entrecôtes et les poser sur le grill pour 5 minutes de cuisson.
Dresser sur une assiette et garnir avec des anchois en croix.
Servir le beurre à part.

La côte de bœuf grillée doit être placée au centre du foyer pour le quadrillage, obtenu en faisant pivoter la viande d'un quart de tour à mi-temps de cuisson, sur chaque face. (Photo J.L. Syren/S.A.E.P.)

Entrecôtes grillées à l'échalote ; badigeonnées d'huile aussi au cours de la cuisson, elles prendront une belle teinte dorée, au lieu de se carboniser.

(Photo J.L. Syren)

Escalopes de dinde au curry

6 escalopes de dinde / 10 g. de curry / 1 dl. de cognac / 1 dl. d'huile / 100 g. de beurre / assaisonnement : sel, poivre.

Disposer les escalopes de dinde dans un plat creux.
Mettre dessus le curry, l'huile et le cognac.
Disposer sur le grill chaud, saler et poivrer.
Laisser cuire 5 minutes, en les retournant.

Coquelets grillés

3 petits coquelets / 1 dl. d'huile / 2 cuillères de moutarde / chapelure / assaisonnement : sel, poivre.

Couper chaque coquelet en deux.
Enduire les pièces avec la moutarde, puis les passer dans la chapelure.
Les huiler et les cuire sur grill moyen.
Assaisonner en cours de cuisson.
Les coquelets seront quadrillés en fin de cuisson.

Poulet à la broche

1 poulet / 1 oignon / 1 échalote / 6 branches de persil / thym en poudre / poivre, sel aromatisé / abats du poulet ou 2 saucisses blanches / 1 œuf / 1 cuillerée de chapelure.

Hacher l'oignon, l'échalote, le persil et éventuellement le cœur, le foie et le gésier. Mélanger les ingrédients avec l'œuf, la chapelure et assaisonner.
Bourrer la volaille avec la farce et la recoudre. La ficeler et l'embrocher pour 1 heure de cuisson en tournant au-dessus d'un feu moyen.

Magrets de canard

6 magrets de canard / 1 petite boîte de girolles / 1 dl. d'huile / 6 cl. de cognac / 50 g. de beurre / assaisonnement : sel, poivre.

La veille, faire une incision dans chaque magret et glisser quelques girolles à l'intérieur puis les mettre à mariner au cognac.
Le jour même, saler et poivrer les magrets, les huiler avant de les cuire.
Les disposer sur le grill, cuisson lente, en les beurrant de temps à autre avec un pinceau.
Servir les magrets saignants.

Les légumes grillés

Tomates / champignons / maïs / oignons blancs / huile salée et poivrée.

La technique de préparation est similaire pour chacun d'eux.
Nettoyer et huiler le légume.
Poser celui-ci sur le grill bien chaud.
Faire un quart de tour au légume pour obtenir un quadrillage.
Le placer sur le coin du grill pour qu'il finisse de cuire doucement.

Pour les tomates, les poser la partie convexe sur le plat et les napper avec de la crème fraîche.

Epis de maïs en papillote

6 épis de maïs / 60 g. de beurre / sel, poivre.

Laver et faire pocher les épis de maïs dans de l'eau bouillante salée pendant 20 minutes. Bien les égoutter.
Faire fondre le beurre, saler, poivrer et en badigeonner les épis.
Les enrouler individuellement dans une feuille de papier alu.
Faire griller pendant 15 minutes en les retournant.

Pommes de terre farcies en papillote

6 pommes de terre / 300 g. de restes de viande cuite ou de chair à saucisse fraîche / 50 g. de mie de pain / 1 oignon / 1 œuf / 1 cuillerée de crème / sel, poivre / quelques branches de persil / 50 g. de beurre.

Hacher l'oignon épluché, le pain, la viande et le persil. Lier avec la crème et l'œuf. Saler et poivrer.
S'il s'agit de chair à saucisse, il est préférable de la faire revenir à la poêle avant de la mélanger aux autres ingrédients.
Peler les pommes et les essuyer. Les couper en deux et creuser chaque partie au milieu. Remplir les cavités avec de la farce et reconstituer chaque pomme de terre. L'attacher en croix avec de la ficelle. Badigeonner avec le beurre fondu, salé et poivré. Envelopper chaque pomme de terre dans une feuille d'aluminium et mettre cuire près des braises environ 40 minutes.

Les pommes de terre ainsi préparées peuvent attendre la cuisson plusieurs heures.

Entrecôtes grillées mirabeau. Ne les saler qu'en fin de cuisson pour qu'elles ne se dessèchent pas. (Photo J.L. Syren)

Magrets de canard.
(Photo J.L. Syren/S.A.E.P.)

Pommes de terre cuites à la cendre

2 kg. de pommes de terre moyennes BF 15 / 150 g. de beurre / sel / poivre / papier aluminium.

Nettoyer les pommes de terre. Les enrouler dans du papier aluminium.

Enfouir ces pommes de terre dans les cendres bien chaudes, recouvrir de braises, laisser cuire 1 heure environ.

Retirer les pommes de terre, enlever le papier aluminium.

Pratiquer une croix sur le dessus des pommes de terre et écarter légèrement la peau.

Dresser sur assiette avec beurre frais, sel fin et poivre blanc selon le goût*.

* *On peut mettre un peu de gruyère râpé.*

Pommes Alice

6 belles pommes golden / 500 g. de pommes de terre / 2 dl. de crème / 1 jus de citron / sel / poivre blanc.

Nettoyer et cuire les pommes de terre en robe des champs.

Couper un couvercle aux pommes, côté queue.

Vider les pommes à l'aide d'une cuillère.

Découper la chair en petits cubes.

Rafraîchir les pommes de terre au terme de leur cuisson, les éplucher et les découper en petits cubes comme les pommes.

Mettre les pommes de terre et les pommes dans un récipient, ajouter la crème et le jus de citron. Saler, poivrer.

Remplir les pommes et refermer avec le couvercle.

Tomates farcies aux pommes de terre

12 petites tomates / 500 g. de pommes de terre / 30 g. d'ail / 1 jus de citron / 1 dl. d'huile / sel, poivre.

Equeuter les tomates, leur couper un couvercle, les vider, les saler et les retourner pour qu'elles s'égouttent.

Faire cuire les pommes de terre en robe des champs.

Les éplucher au terme de la cuisson et les piler au mortier avec l'ail.

Incorporer l'huile petit à petit et finir avec le jus de citron.

Remplir les tomates avec cette préparation et dresser sur les assiettes.

Oignons farcis

6 gros oignons blancs / 1 grosse poignée de mie de pain trempée dans du lait / 2 gousses d'ail / 1 bouquet de persil / 1 œuf / 50 g. de lard / 1 cuillerée de crème.

Hacher le lard, la mie de pain, l'ail, le persil et lier avec l'œuf et la crème ; saler, poivrer.

Peler et creuser les oignons pour placer la farce.

Les emballer dans du papier aluminium (carrés de 25 cm de côté) en serrant bien (pour qu'ils dorent).

Les mettre cuire 20 minutes dans la cendre très chaude.

Pommes en robe d'argent

6 pommes / 6 cuillerées à café de gelée de framboises ou de confiture d'abricots (facultative suivant que les pommes accompagneront une viande ou qu'elles seront mangées seules) / 6 cuillerées à soupe de raisins secs trempés dans un peu de rhum / sucre facultatif.

Creuser les pommes avec un vide-pomme et les poser sur des carrés de papier aluminium. Verser la confiture dans la cavité et remplir avec les raisins.

Bien emballer dans le papier et faire cuire au-dessus d'un feu moyen environ 1 heure.

Laisser tiédir avant de servir.

Pommes sur canapés

6 pommes / 6 tranches de pain / 200 g. de purée de marrons / 100 g. de beurre.

Faire dorer les canapés dans du beurre.

Peler et évider les pommes reinettes. Les placer chacune sur une tranche de pain, posée sur une feuille d'aluminium de 25 cm de côté, mettre une noix de beurre dans la cavité. Bien emballer les fruits. Les faire cuire sur le grill, près des braises.

Pour servir, ouvrir le papier et remplir le milieu de la pomme avec de la purée de marrons.

Les légumes grillés (oignons, champignons, tomates) gagneront à être saupoudrés de thym, de basilic, de persil. (Photo J.L. Syren)

La cuisine de plein air s'accommode fort bien du fromage unique, à condition qu'il soit de bonne taille et qu'il ait du caractère :

- un quartier de Comté,
- un gros munster fermier,
- un brie entier sur un paillon,
- un Saint Nectaire extra,

ou d'un plateau de fromages de la même région : exemple : fromages d'Auvergne :

- Cantal doux,
- Salers,
- Fourme,
- Saint Nectaire,
- Bleu d'Auvergne,
- Cabécou,

ou d'un plateau de fromages de la même origine laitière : un plateau de chèvres en été :

- Sainte Maure,
- Valençay,
- Crottin de Chavignol,
- Selles sur Cher.

Fourme d'Ambert

1 Fourme d'Ambert / 5 cl. de cognac.

Couper une extrémité de la fourme.

Evider la fourme de sa pâte, sans percer la croûte, et la mélanger avec le cognac.

Remettre la pâte obtenue dans l'écorce.

Servir avec une cuillère.

Fromage « Maison »

Restes de tous fromages (camembert, chèvres, bleus, gruyère, fromage blanc, etc.) / crème fraîche / cognac / poivre / herbes en poudre (thym, sauge, fenouil, cumin)

Eliminer croûtes et moisissures.
Râper les pâtes dures. Ecraser les autres.
Mélanger le tout dans un saladier.
Ajouter un peu de cognac, poivre et herbes en poudre.
Mixer bien pour obtenir une pâte homogène.
Faire des boulettes de la grosseur d'une noix.
Rouler ces boulettes dans le gruyère râpé.
Mettre au frais.

Crème et cognac permettent de donner la consistance et le goût à ce fromage ; les quantités peuvent varier selon les goûts.

Pain surprise au Roquefort

1 pain de seigle rond / 150 g. de roquefort / 70 g. de beurre / 3 cl. de cognac.

Couper le « couvercle » du pain de seigle.
Retirer la mie d'un seul morceau.
Couper cette mie en tranches circulaires.
Mélanger le beurre et le roquefort.
Incorporer le cognac à cette pâte.
Beurrer la moitié des tranches de mie.
Couvrir avec une 2e tranche non tartinée.
Couper le sandwich en carrés, triangles...
Reconstituer le pain de seigle.
Remettre le couvercle.

Salade de gruyère

100 g. de gruyère par personne / 2 tomates / 3 échalotes / Huile, vinaigre / Sel, poivre.

Couper le gruyère en fines petites allumettes de 2 à 3 cm de longueur et assaisonner de vinaigrette bien relevée ; laisser bien imprégner.

Disposer sur un plat garni de feuilles de laitue, et entourer de quartiers de tomates.

On peut varier le décor avec des cervelas, des œufs durs, etc.

Bananes flambées

6 bananes / 2 dl. de rhum / 3 cuillerées à soupe de sucre cristallisé.

Retirer la peau sur le dessus des bananes et les poser, la partie encore recouverte, sur le gril.

Dès que la peau est noircie, les saupoudrer de sucre. Faire chauffer le rhum, l'enfammer et le verser sur la chair du fruit.

Ananas flambé

6 tranches d'ananas / 6 boules de glace vanille / 3 cuillerées à soupe de cointreau / 2 cuillerées à soupe de cognac.

Poser les boules de glace sur les tranches d'ananas. Mélanger les alcools et les faire flamber.

Arroser la glace et l'ananas.

Brochettes exotiques

1 ananas / 2 oranges / 3 bananes / 250 g. de sucre cristallisé / 2 cuillerées à café de cannelle en poudre / 1/2 citron / 2 cuillerées de rhum.

Eplucher et couper l'ananas en petits morceaux. Peler et couper les bananes en rondelles, les arroser du jus de citron.

Peler et détailler les oranges en tranches. Mêler le sucre et la cannelle. Ajouter les morceaux de fruits, les mêler délicatement.

Enfiler les morceaux en alternant les fruits.

Faire griller 5 à 10 minutes, mais assez haut, sur le gril.

Retirer les brochettes dès que le sucre caramélise. Flamber au rhum.

Salade de fruits exotiques au sabayon à l'orange

1 goyave rose / 1 mangue / 5 fruits de la passion / 2 figues de barbarie / 2 papayes / 2 bananes roses / 5 oranges / 2 citrons verts / 100 g. de sucre semoule / 4 jaunes d'œufs.

Eplucher délicatement les fruits et les couper en quartiers.

Presser le jus de 3 oranges, faire fondre le sucre dans celui-ci.

Séparer les jaunes des blancs d'œufs.

Mettre les jaunes dans une casserole, verser dessus le jus d'oranges et monter le tout au bain-marie à l'aide d'un fouet.

Arriver à consistance voulue (crème légère aérée), verser le sabayon dans un saladier et laisser refroidir.

Mettre la salade de fruits dans des grandes coupes et arroser avec le sabayon.

Melons en surprise

3 melons de 300 à 350 g. / 250 g. de bigarreaux au sirop / 250 g. de framboises ou fraises / 3 poires / 1/8 lit. de porto.

Couper les melons en deux.

Enlever les pépins. Sortir délicatement la pulpe de chaque melon.

Conserver la peau vidée.

Couper en petits dés, les poires et la pulpe des melons.

Egoutter les bigarreaux, mélanger tous les fruits dans le porto et laisser macérer durant quelques heures.

Au dernier moment garnir les melons vidés et servir bien frais.

Variante :

2 melons / 1 petit ananas / 6 bananes / 1 citron / 3 cuillerées à soupe de sucre en poudre / 6 cuillerées à soupe de kirsch.

Décalotter le melon, vider l'eau et les graines avec une cuillère en argent. Sortir la chair du melon en petits morceaux pour ne pas abîmer la peau. Mettre cette chair dans une terrine avec l'ananas coupé en gros dés et les bananes coupées en tranches épaisses. Saupoudrer avec le sucre et bien mélanger.

Verser la préparation dans le melon et arroser avec le kirsch. Souder la calotte avec un peu de beurre frais et faire glacer.

Salade de fruits rouges

200 g. de groseilles / 250 g. de framboises / 250 g. de cerises / 250 g. de fraises / 250 g. de sucre / 1 petit melon.

Laver les fruits, les égoutter.
Equeuter et dénoyauter les cerises.
Presser les groseilles pour en extraire le jus, lui ajouter le sucre.
Le faire chauffer pour faire dissoudre le sucre.
Couper le melon en petits cubes.
Mettre tous les fruits dans une coupe et napper avec le jus de groseilles chaud. Laisser rafraîchir.

Fraises Romanoff

1 kg. de fraises / 2 dl. de marasquin / 300 g. de sucre / 1/3 lit. de crème / 60 g. de sucre glace.

Laver les fraises à l'eau froide.
Enlever les queues et les couper en deux parties.
Dans un récipient, mettre les fraises, le sucre, le marasquin.
Laisser macérer au frais 1 à 2 heures.
Préparer une crème chantilly.
Dresser les fraises dans les coupes, décorer d'une belle rosace en crème chantilly.

Framboises aux petits suisses

10 petits suisses / 1/3 lit. de crème / 100 g. de sucre / 200 g. de framboises.

Travailler ensemble, petits suisses et sucre.
Incorporer délicatement la crème fouettée.
Dresser le mélange dans des coupes en intercalant quelques framboises passées préalablement au sucre.
Décorer les coupes de pointes de chantilly et de framboises.

Les petits suisses peuvent être remplacés par du fromage blanc. Les framboises par des fruits de saison : fraises, myrtilles...

Glace à la mirabelle

Sirop : 80 g. de sucre, 90 g. d'eau / 4 jaunes / 1/4 lit. de crème fouettée / 100 g. de mirabelles / 5 cl. d'eau-de-vie de mirabelles.

Faire un sirop avec l'eau et le sucre.

Monter les jaunes avec le sirop bouillant (le verser lentement sur les jaunes). Fouetter jusqu'à complet refroidissement.

Incorporer doucement la crème fouettée puis un peu d'eau-de-vie.

Mettre l'appareil dans un moule, ajouter des parcelles de mirabelles légèrement confites, macérées dans de l'eau-de-vie.

Faire prendre au congélateur plusieurs heures.

Démouler en trempant le moule un instant dans de l'eau chaude.

Dresser sur un plat bien froid.

Décorer de crème chantilly.

Soufflé glacé aux myrtilles

1/2 lit. de crème / 350 g. + 150 g. de myrtilles / 200 g. de sucre / crème fouettée pour décorer.

Préparer des petits moules en porcelaine ou en pyrex. Les entourer d'un papier semi-rigide de 1,5 cm plus haut que le moule. Le coller ensemble avec du scotch afin que le moule présente autour, un bord en papier. Placer les moules sur un plateau. Mixer 350 g. de myrtilles, les passer au chinois afin d'éliminer la peau éventuellement très épaisse.

Ajouter le sucre, mélanger, monter la crème en crème fouettée bien ferme, ajouter la pulpe sucrée, mélanger. Verser délicatement dans les moules à hauteur du bord du papier, égaliser.

On peut inclure dans les soufflés quelques myrtilles (150 g.). Dans ce cas, remplir les moules à moitié, faire prendre au congélateur, réserver l'autre moitié d'appareil au réfrigérateur.

Quand les moules sont pris à moitié, ajouter les myrtilles (laver, égoutter) puis verser le reste de l'appareil à ras bord du papier.

Faire prendre au congélateur quelques heures avant de consommer. Enlever le papier proprement.

Décorer avec de la crème chantilly et quelques myrtilles.

Sorbet à l'orange

1 lit. d'eau / 550 g. de sucre / 1 jus de citron / 10 oranges.

Faire bouillir l'eau, le sucre et le jus de citron. Ajouter à froid, le jus des oranges. Passer à la sorbetière.

Sorbet au citron

1 lit. d'eau / 550 g. de sucre / 1 jus d'orange / 8 à 10 citrons.

Faire bouillir l'eau, le sucre et le jus d'orange. Ajouter à froid le jus des citrons. Passer à la sorbetière.

Sorbet aux mandarines

1 lit. d'eau / 550 g. de sucre / 1 jus de citron / 15 mandarines.

Faire bouillir l'eau, le sucre et le jus de citron. Ajouter à froid, le jus des mandarines. Passer à la sorbetière.

Sorbet au melon

1 lit. d'eau / 550 g. de sucre / 1 jus de citron / 2 melons de 600 g. environ.

Faire bouillir l'eau, le sucre et le jus de citron. Ajouter à froid la pulpe des melons passée au mixer. Passer à la sorbetière.

Sorbet aux fraises

1 lit. d'eau / 550 g. de sucre / 1 jus de citron / 600 g. de fraises fraîches.

Faire bouillir l'eau, le sucre et le jus de citron. Ajouter à froid la pulpe des fraises passée au mixer. Passer à la sorbetière.

Sorbet aux framboises

1 lit. d'eau / 550 g. de sucre / 1 jus de citron / 500 g. de framboises.

Faire bouillir l'eau, le sucre et le jus de citron. Ajouter à froid la pulpe des framboises passée au mixer. Passer à la sorbetière.

Sorbet au cassis

1/2 lit. d'eau / 500 g. de sucre / 1 jus de citron / 500 g. de cassis.

Faire bouillir l'eau, le sucre et le jus de citron.
Presser les fruits et les passer au chinois. Mélanger au sirop et passer à la sorbetière.

Sorbet à la Vodka

1 lit. d'eau / 550 g. de sucre / 1 jus de citron / 2 dl. de vodka.

Faire bouillir l'eau, le sucre et le jus de citron. Ajouter à froid la vodka et passer à la sorbetière.

Sorbet au champagne

1 lit. d'eau / 600 g. de sucre / 1 jus de citron / 1 bouteille de champagne (75 cl.)

Faire bouillir l'eau, le sucre et le jus de citron. Ajouter à froid le champagne et passer à la sorbetière.

Fondue aux fruits

1 kg. de fruits variés de saison / 500 g. de brioche / 400 g. d'abricots / 1 cuillerée à soupe de fécule / 1 verre à eau d'anisette / 400 g. de sucre.

Eplucher et couper les fruits en dés. Les faire macérer 1 heure à l'avance dans la liqueur.
Couper la brioche en cubes de 2 cm environ.
Faire cuire les abricots avec le sucre et les passer à la moulinette. Y ajouter le même volume d'eau, remuer. Délayer la fécule dans un peu d'eau froide et ajouter la compote. Verser la préparation dans un caquelon à fondue et remuer sur feu doux jusqu'à ébullition. Laisser bouillir 3 minutes et ajouter l'anisette.
Poser le caquelon sur le réchaud à alcool allumé au milieu de la table.
Chacun piquera avec sa fourchette à fondue un cube de brioche, un morceau de fruit et la trempera dans la sauce chaude à l'abricot.

Vite prêtes, les fraises romanoff.
(Photo P. Fischer)

Appréciés des petits et des grands, les sorbets sont un bon moyen de faire entrer les fruits dans nos menus.
(Photo J.L. Syren)

Charlotte aux framboises

1/2 lit. de crème anglaise / 5 feuilles de gélatine / 3/4 de lit. de crème fraîche / 400 g. + 50 g. de framboises / 100 g. de sucre glace / 100 g. de biscuits cuiller.

Faire la crème anglaise, y incorporer les feuilles de gélatine (trempées à l'eau froide et égouttées), puis les framboises réduites en purée et passées au chinois.

Monter la crème au batteur avec le sucre glace. Y incorporer la crème anglaise presque refroidie.

Chemiser un moule à charlotte avec les biscuits cuiller, verser la préparation aux framboises. Faire prendre au froid quelques heures.

Démouler sur un plat et décorer avec quelques framboises.

Charlotte aux fraises

20 biscuits cuiller / 1/2 lit. de crème / 50 g. de sucre / 2 feuilles de gélatine / 200 g. de fraises.
Sirop : 5 cl de rhum / 100 g. de sucre / 100 g. d'eau.

Chemiser un moule à charlotte avec les biscuits cuiller légèrement imbibés de sirop.

Monter la chantilly bien ferme dans laquelle on ajoutera la gélatine fondue.

Remplir la cavité du moule avec des couches de chantilly et des fraises.

Placer au froid environ 1 heure.

Démouler et garnir de chantilly et de fraises.

Couronne de riz aux cerises

150 g. de riz / 150 g. de sucre / 3/4 lit. de lait / 20 g. de beurre / 2 œufs / 1 bocal de cerises au sirop / 50 g. de sucre.

Laver le riz, l'égoutter et le faire cuire pendant 5 minutes dans 1,5 lit. d'eau bouillante.

L'égoutter aussitôt et le verser dans le lait bouillant. Laisser cuire 20 minutes. Ajouter hors du feu un à un, les œufs battus et le sucre.

Verser la préparation dans un moule à savarin beurré légèrement. Mettre à rafraîchir.

Egoutter les fruits en recueillant le jus. Lui ajouter le sucre, faire réduire en sirop.

Retourner la couronne de riz sur le plat de service, mettre les fruits au centre et arroser le tout avec le sirop.

Crêpes fourrées en papillotes

Pâte à crêpes :
200 g. de farine / 50 g. de sucre / 4 œufs / 4 à 5 dl. de lait / 50 g. de beurre / 1 pincée de sel.
Crème patissière aux amandes :
1/2 lit. de lait / 125 g. de sucre / 3 jaunes / 60 g. de farine / 5 cl. de rhum / 80 g. de poudre d'amandes.

La veille confectionner les crêpes et la crème pâtissière.

Fourrer les crêpes avec la crème pâtissière aux amandes et les fermer aux extrémités.

Placer chaque crêpe dans un papier aluminium et former une papillote.

Chauffer au gril.

Tarte à la poêle

Pâte : *100 g. de farine, 1 jaune d'œuf, 1 pincée de sel, un peu de lait / 500 g. de fruits frais / 160 g. de sucre cristallisé / 1 noix de beurre.*

Faire cuire les fruits en compote avec 120 g. de sucre.

Préparer une pâte ayant la consistance d'une pâte à beignet, assez ferme, non coulante.

Dans une poêle beurrée et abondamment saupoudrée de sucre (y compris les bords), verser la pâte en tournant de manière à revêtir tout l'intérieur de l'ustensile.

Faire cuire à feu vif comme une crêpe sans laisser les bords se rétracter (sinon les tirer avec une spatule).

Dès que la pâte est prise, saupoudrer de sucre humidifié.

Retirer du feu dès que l'extérieur est croustillant.

Démouler avec précautions après refroidissement. Garnir avec la compote.

Avec une cuillerée de sucre et un peu d'eau faire un caramel, dès qu'il blondit, le retirer du feu, lui ajouter une noisette de beurre, une cuillerée d'eau, et en napper la tarte.

Placée dans une boîte en plastique hermétique, la tarte tatin se transporte sans difficulté.
(Photo J.L. Syren/S.A.E.P.)

La charlotte aux fraises peut être démoulée juste avant de la déguster. (Photo J.L. Syren/S.A.E.P.)

Tarte aux amandes

300 g. de pâte brisée / 3 œufs / 100 g. de sucre / 90 g. d'amandes / 25 g. de beurre / 2 cuillerées de kirsch / 1/2 pot de gelée de framboises ou groseilles.

Monder et réduire les amandes en poudre ; travailler le beurre en crème. Travailler les œufs entiers et le sucre, ajouter les amandes, le beurre et le kirsch.

Prélever un peu de pâte pour la garniture et étaler le reste au rouleau ; en foncer un moule à tarte.

Garnir avec la crème aux amandes.

Couper des lanières de 1 cm de large avec la roulette à pâtisserie.

Poser la pâte, sans l'étirer (elle rétrécit à la cuisson), en croisillons sur le gâteau ; faire cuire à four chaud.

Tarte aux fraises

250 g. de pâte sablée / 500 g. de fraises / quelques cuillerées de gelée de framboises ou groseilles.

Foncer un moule avec la pâte et la piquer avec une fourchette pour l'empêcher de gonfler.

Mettre cuire à four moyen.

A la sortie du four, mettre le fond de tarte sur le plat de service et y répartir les fraises.

Chauffer la gelée avec une petite cuillerée d'eau et dès qu'elle est fondue, avec un pinceau, en badigeonner les fraises.

Tarte aux myrtilles

750 g. de myrtilles / 4-5 cuillerées de sucre.
Pâte : *250 g. de farine / 100 g. de beurre / 100 g. de sucre / 1 œuf / 1 pincée de sel.*

Préparer la pâte et la laisser au frais pendant quelques heures.

Entre-temps laver les myrtilles et les mettre dans une passoire.

Aplatir la pâte et foncer un moule à tarte, piquer le fond et garnir de myrtilles. Cuire à four moyen.

Aussitôt après la cuisson, saupoudrer la tarte de sucre.

Variante : On peut remplacer la pâte ci-dessus par une autre pâte au choix.

Tarte aux griottes

300 g. de pâte brisée / 1 kg. de griottes / sucre à volonté / 2 œufs / 2 dl. de crème.

Foncer un moule à tarte avec la pâte.
Y répartir les griottes lavées, équeutées et séchées.
Mélanger le sucre, les œufs et la crème et verser sur les fruits.
Cuire à four chaud.

Tarte aux pêches Bourdaloue

300 g. de pâte brisée sucrée / 1 boîte 4/4 de pêches au sirop / 100 g. d'abricotine.
Crème d'amandes : 75 g. de beurre / 75 g. de sucre / 1 œuf / 75 g. de poudre d'amandes / 25 g. de farine / 6 cl. de rhum.

Mélanger le beurre ramolli et le sucre (à blanc), ajouter l'œuf, la poudre d'amandes, la farine et le rhum.
Etaler la pâte et l'utiliser pour foncer un cercle à tarte beurré.
Disposer au fond sur toute la surface, la moitié de la crème.
Placer dessus harmonieusement les oreillons de pêches.
Entre chaque oreillon, mettre le reste de crème d'amandes.
Cuisson à 180° pendant 25 minutes.
Laisser refroidir et lustrer d'abricotine.

Tarte Tatin

250 g. de pâte brisée / 75 g. de beurre / 6 cuillères de sucre / 1 kg. de petites pommes.

Beurrer grassement un moulement à tarte à hauts bords et le saupoudrer de 3 cuillerées de sucre. Le mettre à caraméliser au four.
Eplucher les pommes, les couper en gros quartiers, retirer le cœur et les ranger en couronne sur le caramel. Saupoudrer avec le reste de sucre.
Etendre la pâte en un disque d'un diamètre plus grand que celui du moule. Couvrir les pommes et glisser la pâte tout autour entre le bord du moule et les pommes. La piquer pour laisser échapper la vapeur.
Enfourner à four chaud 30 minutes.
A la sortie du four, retourner sur le plat de service.

Le gâteau marbré et la tarte aux pêches Bourdaloue font partie des pâtisseries qui peuvent être préparées à l'avance sans perdre leur qualité.
(Photo J.L. Syren/S.A.E.P.)

Le cake aux fruits, emballé dans du papier aluminium gardera toute sa fraîcheur. *(Photo P. Fischer)*

Le clafoutis aux cerises

1/2 lit. de lait / 150 g. de sucre / 4 œufs / 2 jaunes / vanille / 300 g. de bigarreaux au sirop / 120 g. de farine

Faire chauffer le lait.
Travailler ensemble, sucre, œufs, jaunes, vanille et farine.
Verser dessus le lait bouillant.
Metre les bigarreaux égouttés dans des moules, verser dessus l'appareil jusqu'au bord et cuire au bain marie 160 à 180° pendant 20 à 25 minutes.

Le gâteau aux cerises

200 g. de beurre / 200 g. de sucre / 3 œufs / 300 g. de farine / 6 g. de levure chimique / 6 cl. de kirsch / 500 g. de cerises.

Mettre macérer les cerises dans le kirsch pendant 1 heure.
Ramollir le beurre, ajouter le sucre, travailler jusqu'à ce que le mélange blanchisse.
Incorporer les œufs l'un après l'autre, puis la farine tamisée, la levure, et enfin les cerises.
Verser dans un moule à cake beurré et fariné.
Cuisson à four doux : 40 minutes.

Peut se faire également avec des pommes, des poires ou des pêches.

Biscuit aux pommes

125 g. de beurre / 125 g. de sucre / 3 œufs / 1 peu d'arôme ou jus de citron / 200 g. de farine / 1/2 paquet de levure / 1 pointe de sel / 3 cuillerées de lait / 500 g. de pommes.

Tourner le beurre en crème.
Ajouter petit à petit le sucre, les œufs, l'arôme, le sel.
Incorporer peu à peu la farine tamisée et la levure, puis le lait.
Verser la pâte dans un moule beurré.
Eplucher les pommes, les couper en quartiers et les disposer sur la pâte.
Cuire 50 minutes à four moyen.

Cake aux fruits confits

200 g. de beurre / 200 g. de sucre / 3 œufs / 300 g. de farine / 6 g. de levure chimique / vanille / 50 g. de raisins de corinthe / 100 g. de bigarreaux confits / 2 dl. de rhum.

La veille mettre tremper les raisins et les cerises dans le rhum.
Egoutter les fruits et les passer dans la farine.
Ramollir le beurre, ajouter le sucre (travailler à blanc).
Incorporer ensuite les œufs un à un, puis la farine tamisée, la levure puis l'extrait de vanille et les fruits confits.
Beurrer un moule à cake. Y verser l'appareil, cuire à four doux 160 à 180° pendant 30 à 40 minutes.

On peut également mettre dans la préparation le rhum qui a servi à tremper les fruits.

Le gâteau marbré

400 g. de farine / 300 g. de sucre / 4 œufs / 1 dl. de lait / 200 g. de beurre / 30 g. de cacao en poudre / 1 paquet de sucre vanillé.

Ramollir le beurre, ajouter le sucre (travailler à blanc).
Incorporer les œufs un à un, le lait, et la farine tamisée.
Prendre environ 1/4 de la préparation et mélanger la poudre de cacao, dans le reste la vanille.
Dans un moule à cake beurré, mettre la moitié de la préparation vanillée puis la préparation au cacao et pour terminer le reste de la pâte claire.
Cuisson à four doux 30 à 35 minutes.

Pudding de pain

400 g. de pain / 60 g. de beurre / 100 g. de raisins de corinthe. Appareil : 1/2 lit. de lait / 3 œufs / 150 g. de sucre / 1 cl. de vanille.

Couper les tranches de pain assez minces.
Les beurrer. Les disposer dans un plat à gratin. Parsemer dessus les raisins de Corinthe.
Faites bouillir le lait. Travailler œufs, sucre et vanille.
Ajouter le lait bouillant.
Verser progressivement l'appareil dans le plat à gratin, il doit couvrir les tranches.
Cuire au bain marie, au four à 200° pendant 45 minutes.
Servir dans le plat de cuisson, saupoudré de sucre.

Moelleux à souhait, le biscuit aux pommes. (Photo J.L. Syren)

Le temps des repas en plein-air c'est aussi le moment du gâteau aux cerises. (Photo A. Loviton)

Limonade à l'orange

8 oranges / 2 citrons / 3 lit. de perrier ou eau gazeuse / 500 g. de sucre.

Mettre dans l'eau gazeuse les zestes râpés des oranges, puis le sucre.
Extraire le jus des oranges et citrons et le verser dans l'eau gazeuse.
Passer au linge fin et tenir glacé.
Ajouter des glaçons.
Servir très frais.

Vin de fraises

2 bouteilles de vin blanc (Muscat, Gewurztraminer) / 300 g. de sucre en morceaux / eau gazeuse / 500 g. de fraises de Bellevue (Woippy)

Faire un sirop avec le sucre et 2 dl. d'eau.
Extraire le jus des fraises. Mélanger le vin blanc et le sirop. Ajouter le jus des fraises et laisser au frais.
Servir avec de l'eau gazeuse très fraîche.

Vin d'aspérule

1 gros bouquet d'aspérule / 2 bouteilles de bon vin blanc / 300 g. de sucre / 1 orange.

Laver, égoutter, équeuter l'aspérule. La déposer dans un gros bocal avec le sucre, l'orange lavée et coupée en rondelles. Couvrir avec le vin et laisser macérer 30 minutes. Passer et servir dans des verres bien frais.

Sangria

1 lit. de vin rouge 12° / 2 cuillerées à soupe de sucre cristallisé / 1 petit morceau d'écorce de cannelle / 1 citron / 1 orange / fruits de saison : fraises, framboises, cerises, groseilles ou pêches, poires, abricots.

Verser le vin dans un grand pot ; ajouter le sucre tout d'un coup. Eplucher le citron en spirale après l'avoir lavé et l'accrocher au bord du récipient.

Peler l'orange à vif et l'ajouter coupée en tranches fines, ainsi que les fruits et la cannelle.

Laisser macérer 1/2 heure et servir avec des cubes de glace et de l'eau gazeuse.

Coco-vanille

1/3 lit. de sirop de coco-vanille / 2/3 lit. de rhum blanc / 1 noix de coco.

Prendre une noix de coco, scier en 2, récupérer le lait et la pulpe en creusant à l'aide d'une cuillère.

Mélanger le sirop de coco-vanille avec le rhum blanc et le lait de noix de coco, ajouter de la glace pilée.

Servir dans les coques de noix de coco.

Râper de la noix de coco dessus.

Lait au whisky

1,5 dl. de lait / 2 cl. de whisky / des glaçons / 1 cuillerée à soupe de chantilly.

Dans un grand verre verser le lait dans le whisky, ajouter 2 ou 3 glaçons dans lesquels on aura fait prendre des cerises. Ajouter la crème chantilly.

Boissons aux jus de fruits. Tout en désaltérant, elles apportent à l'organisme de précieuses vitamines.
(Photo J.L. Syren/S.A.E.P.)

Une façon agréable de consommer ce précieux auxiliaire de notre santé, c'est d'adjoindre au lait des purées de fruits. (Photo A. Loviton)

« En vérité, le lait est une boisson miracle dont les hommes ne reconnaissent pas suffisamment les bienfaits. S'ils savaient combien le lait contribue à la stabilité de leur santé, ils en boiraient davantage. Il est absolument indispensable qu'on en arrive à ne plus considérer que le fait de boire du lait est accessoire. » (Professeur Hullinger).

Lait au citron

2 dl. de lait / 1 citron / 3 cuillerées à soupe de sucre.

Laver le citron.
Fouetter le lait en lui ajoutant progressivement le sucre, un peu de zeste et 2 cuillerées à soupe de jus de citron. Servir aussitôt.

Lait à la menthe

1 poignée de feuilles de menthe / 100 g. de sucre / 1 lit. de lait.

Laver et égoutter les feuilles de menthe. Les placer dans une cruche, les couvrir avec le lait.
Laisser macérer 5 minutes puis retirer les feuilles de menthe.
Verser sur des glaçons dans des verres garnis d'une feuille de menthe.

Lait à la tomate

1,5 dl. de jus de tomate / 1,5 dl. de lait / sel, poivre.

Sur une soucoupe verser un peu de lait, sur une autre du sucre cristallisé.
Plonger le bord des verres dans le lait, puis dans le sucre. Laisser sécher et répéter l'opération pour obtenir un effet de givrage sur le bord du verre.
Mélanger les ingrédients et servir dans les verres givrés.

Lait à la fraise ou à la framboise

15 cl. de lait / 6 fraises ou 12 framboises / 1 cuillerée à café de sucre vanillé / 1 cuillerée à café de sucre semoule.

Laver et équeuter les fraises ou les framboises, écraser-la avec une fourchette sur une assiette.
Verser le lait petit à petit sur les fruits en fouettant pour obtenir un mélange mousseux. Servir dans un verre.

Lait à l'abricot ou à la pêche

15 cl. de lait / 1/2 pêche ou 1 abricot / quelques gouttes de jus de citron / 1 cuillerée à soupe de sucre.

Laver, dénoyauter et éplucher le fruit choisi, le couper en petits cubes et l'écraser avec une fourchette.

Ajouter 2 ou 3 gouttes de jus de citron. Verser par-dessus le lait en fouettant pour obtenir un mélange mousseux.

Lait à la banane

15 cl. de lait / 1/2 banane / 1 cuillerée à café de sucre vanillé / 1 cuillerée de chocolat en poudre.

Ecraser la banane avec une fourchette, incorporer-y le sucre, le chocolat et verser le lait sur la pâte obtenue en fouettant vigoureusement.

Lait à la poire

15 cl. de lait / 1/2 poire / 3 gouttes de jus de citron / 1 cuillerée à café de sucre semoule / 1 cuillerée à café de sucre vanillé et de la cannelle.

Eplucher la poire, la couper en cubes, l'écraser et mélanger avec les autres ingrédients. Verser le lait dessus en fouettant.

Lait à l'orange

1 orange / 15 cl. de lait / 1 boule de glace à la vanille / rondelle d'orange / 1 cuillerée à café de sucre.

Prélever du zeste sur l'orange après l'avoir bien lavée.

Presser le jus de l'orange et le verser dans le verre avec le lait, le sucre et la boule de glace.

Ajouter une lanière de zeste d'orange.

Décorer le bord du verre avec la rondelle d'orange.

Maracuja (fruit de la passion)

1 tranche de fruit de la passion / 2 cerises à l'eau de vie / 1/5 lit. de sirop de maracuja / 4/5 lit. d'eau gazeuse + glace pilée.

Servir dans un verre à long drink.

Boisson aux baies rouges

300 g. de fraises / 300 g. de groseilles / 300 g. de cerises / 300 g. de sucre / 1 dl. de sirop de framboises / 1 jus de citron.

Laver, équeuter, écraser les fruits. Ajouter le jus de citron, le sucre, le sirop de framboises.
Laisser reposer 1 heure au frais.
Servir avec de l'eau gazeuse.

Boisson aux fraises

250 g. de fraises / 2 oranges / 1 citron / 2 dl. de sirop de pamplemousse / 150 g. de sucre / 1 verre d'eau plate.

Laver et équeuter les fraises ; les réduire en purée.
Ajouter le jus des agrumes, le sucre et l'eau.
Placer au frais.
Servir dans de grands verres avec de l'eau gazeuse.

Limonade express

1 citron / 1 orange / 1 morceau de sucre / 1 cuillère à café de sirop de grenadine / des glaçons.

Presser l'orange et le citron, mélanger avec la grenadine, le sucre.
Verser dans les verres sur des glaçons.

BOISSONS : SIROP ET JUS DE FRUITS

- Mettre 1 cuillerée de sirop de grenadine dans un grand verre, ajouter du jus de raisin rouge jusqu'à mi-hauteur, compléter avec une boisson gazeuse, Carola, Perrier par exemple, et quelques gouttes de jus de citron. Garnir avec une rondelle de citron.
- Verser 1 cuillerée de sirop de pamplemousse ou d'ananas dans un verre, complétez avec de l'eau et une cuillère à café de jus de citron. Garnir le verre avec une rondelle d'orange.
- Verser 1 cuillerée à soupe de sirop de framboises. Remplir le verre à moitié avec du jus d'ananas, puis compléter avec de l'eau gazeuse. Garnir avec des framboises ou des quartiers de clémentines suivant la saison.
- Dans un verre, mettre 2 feuilles de menthe fraîche, 1 cuillerée de sirop de menthe, compléter avec de l'eau gazeuse.
- Battre 2 dl. de lait avec 2 cuillerées à soupe de sirop de cassis et servir avec des cubes de glace.

POURQUOI PAS UNE BOISSON CHAUDE APRES LE REPAS ?

Prélever 1 zeste d'orange et 1 zeste de citron. Presser les jus d'orange, de citron et ajouter 1 litre de jus de pommes. Mettre les zestes et les jus dans une casserole avec 1 lit. d'eau et 150 g. de sucre. Porter lentement à ébullition. Filtrer et servir bien chaud.

Préparer 1 lit. de thé fort et le sucrer avec 200 g. de sucre. Ajouter 1 citron et 1 orange lavés et coupés en rondelles. Dans chaque verre verser 1 ou 2 cuillères de whisky et compléter avec le thé.

Préparer du thé très chaud, ajouter dans chaque tasse 2 gouttes d'alcool de menthe et si possible 1 feuille de menthe fraîche. Sucrer.

Préparer une infusion de fleurs de tilleul (15 g. par litre d'eau). Sucrer avec 200 g. de sucre. Verser 2 cuillères de jus d'orange dans chaque verre, compléter avec l'infusion.

TABLE DES RECETTES

Dessins : E.H. Cordier.